ÉTUDES ÉCONOMIQUES & SOCIALES

La Mutualité

ET LES

PROBLÈMES SOCIAUX

PAR

LÉON MONTIER

On ne fait son bonheur
Qu'en s'occupant de celui des autres
BERNARDIN DE SAINT-PIERRE

PARIS
BOUCHY & Cie, Éditeurs
11, Rue Hélène

1912

LA MUTUALITÉ

ET LES

PROBLÈMES SOCIAUX

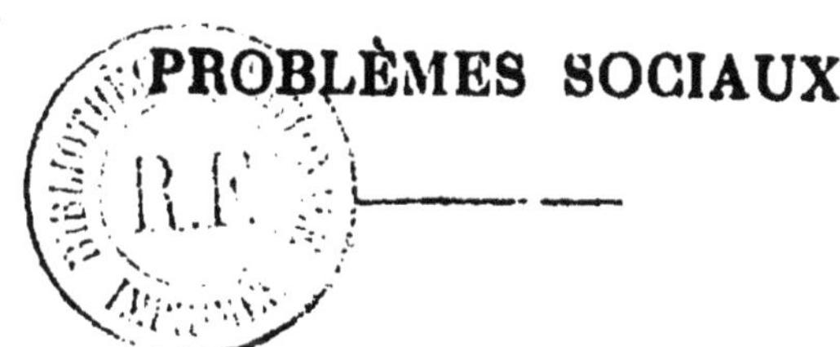

ÉTUDES ÉCONOMIQUES & SOCIALES

La Mutualité

ET LES

PROBLÈMES SOCIAUX

PAR

LÉON MONTIER

On ne fait son bonheur
Qu'en s'occupant de celui des autres
BERNARDIN DE SAINT-PIERRE

PARIS
BOUCHY & Cie, Éditeurs
11, Rue Hélène

1912

PRÉFACE

Au moment où la théorie de l'étatisme, qui n'est, en somme, que la réaction d'un individualisme trop absolu, exerce son influence déprimante sur tant d'intelligences et tend à faire de l'individu, dépersonnalisé, un atome anonyme, une cellule asservie du grand corps social, il nous a paru particulièrement opportun de rappeler une fois de plus que la société peut, par la Mutualité, vivre, prospérer, progresser, sans annihiler la personnalité, l'individualité de ses membres.

Ce petit livre, où nous nous sommes efforcé de résumer, le moins aridement possible, l'historique, le fonctionnement et les formes multiples de la Mutualité, n'a pas d'autre ambition. S'il peut faire surgir de la foule laborieuse à laquelle nous le dédions quelques nouveaux adeptes de l'Idée Mutualiste, s'il réussit à verser une lumière et une foi plus grandes dans quelques cerveaux déjà convaincus, nous estimerons utilement atteint le but modeste que nous nous proposions.

Léon MONTIER.
Mars 1912.

LA MUTUALITÉ

Définition. — Historique

De toutes les idées sociales qui ont été conçues depuis la Révolution française, il n'en est pas une plus répandue, mais aussi plus controversée, que l'idée mutualiste.

Tout le monde parle de la Mutualité, plusieurs millions de citoyens français sont groupés à l'heure actuelle sous sa bannière; bien peu, cependant, même parmi ceux qui la pratiquent, en connaissent le mécanisme, ou en soupçonnent la portée véritable.

Les uns voient dans la Mutualité une panacée universelle susceptible de cicatriser toutes les blessures sociales, en même temps qu'ils la considèrent au point de vue des avantages matériels qu'ils espèrent en retirer, comme la pierre philosophale enfin trouvée.

D'autres, au contraire, voient en elle une utopie, ou un rêve généreux dont quelques philosophes altruistes ont tenté de faire une réalité.

La Mutualité n'est, à vrai dire, ni une panacée universelle, ni une utopie. C'est, en réalité, une institution scientifique, capable de revêtir des formes extrêmement variées et de se prêter à des applications multiples, à la condition expresse, toutefois, que les mutualistes consentent à faire appel au concours indispensable des données de la science, en vue d'une organisation rationnelle, équitable et solide de la Mutualité.

« Mutualité » signifie qualité de ce qui est mutuel, autrement dit de ce qui est réciproque.

On peut donc dire que la Mutualité, prise dans son ensemble, n'est pas autre chose qu'une immense association dans laquelle les adhérents, de condition modeste et souvent même précaire, mettent en commun leurs faibles ressources dans le but de se procurer des services réciproques.

En n'envisageant qu'un seul groupement de cette immense association, on peut dire encore que la Mutualité est l'aide de chacun par chacun dans un groupe d'individus librement constitué.

C'est, en somme, une des formes de la coopération; toutefois, ce qui distingue les œuvres de mutualité des associations coopératives ordinaires, c'est l'absence de toute préoccupation commerciale, l'exclusion de toute idée de gain.

Il ne s'agit pas d'exercer un commerce, ou une industrie, pour réaliser des bénéfices en argent sur les produits vendus ou sur l'exploitation du travail salarié, mais bien de se garantir collectivement de certaines éventualités contre lesquelles les individus isolés resteraient impuissants.

Ainsi définie, la Mutualité se distingue de l'assistance et de la charité.

Dans la Mutualité, en effet, nul n'oblige et nul n'est obligé, attendu que, pour se garantir de certains risques résultant des fatalités du sort, ou des inégalités sociales, les mutualistes poursuivent individuellement le même effort. Ils ne sont donc redevables de rien à la collectivité, pas plus, d'ailleurs, que celle-ci ne leur est redevable. Ce n'est pas une dette ou une créance qui les lie entre eux et au groupement qu'ils ont formé, c'est un contrat.

Tel n'est pas le cas dans l'assistance et dans la charité: puisque des deux parties considérées, l'une donne et l'autre reçoit.

La Mutualité n'est pas une mode, qui, comme toutes les modes, est appelée à disparaître au gré d'un caprice, c'est, au contraire, une des idées les plus puissantes qui aient été conçues; c'est, en tous cas, l'idée sociale la plus capable d'amener tous les hommes à un bien-être relatif, car l'organisation mutualiste peut concourir à soulager toutes les misères des travailleurs, à atténuer — sinon à conjurer — les divers risques sociaux de la vie.

C'est plus, puisque c'est aussi une idée de conciliation et de paix, qui ne fait appel ni à l'utopie, ni aux revendications bruyantes.

La Mutualité, est, en effet, basée sur le sentiment que tous, pauvres ou riches, nous avons besoin les uns des autres.

Si tous ceux qui ont tant de peine à supporter la lutte quotidienne pour la vie comprenaient bien l'idée mutualiste, ils se sentiraient moins isolés et plus confiants dans l'avenir.

Il n'est pas douteux que la Mutualité ne leur appportera jamais l'opulence, ni même quoi que ce soit sans leur contribution personnelle; mais ils constateraient, tout au moins, que cette association volontaire et courageuse de leurs efforts peut faire naître un mieux-être matériel et une tranquillité d'esprit, sans lesquels la vie est une lutte incessante, un tourment perpétuel.

Dans la famille, la Mutualité, en même temps qu'elle garantit le père, le grandit à ses propres yeux et associe la femme et les enfants à son indépendance. Elle apporte à tous un réconfort moral, en faisant régner, partout où elle pénètre, cet esprit de solidarité et de fraternité qui est inhérent à l'idée même d'association.

Et cela est si vrai que de tout temps les hommes ont senti le besoin de s'unir, de s'associer pour faire face à certaines éventualités, à certains dangers.

On peut donc dire que personne n'a été, à proprement parler, l'initiateur de la Mutualité. Elle est née seule par la loi naturelle qui consiste dans le besoin d'union ressenti par tous les déshérités, par tous ceux qui ont à se défendre contre les fatalités naturelles.

La Mutualité est donc vieille comme le sentiment qui lui sert de base.

Sous des formes différentes, mais poursuivant toujours le même but, elle a existé dans les temps les plus reculés et chez tous les peuples.

C'est ainsi que, plus de deux cents ans avant notre ère, chez les Athéniens et dans les autres Etats de la Grèce, se trouvaient des associations ayant une bourse commune, que leurs membres alimentaient par le paiement d'une cotisation mensuelle. Le produit de ces cotisations était destiné à donner des secours à ceux d'entre eux qui avaient été atteints par une adversité quelconque.

Même caractère avaient les associations créées par Solon et qui réunissaient les disciples d'une même école, les artisans d'un même métier.

Voilà bien, semble-t-il, la société de secours mutuels telle qu'elle existe de nos jours. S'il existe une différence, elle réside toute entière dans la forme qui était appropriée à l'esprit et aux besoins de l'époque; mais le but poursuivi était exactement le même.

Plus tard, on retrouve les mêmes caractères dans les Ghildes germaniques, dans les confréries religieuses, dans les corporations ouvrières, et, aussi, dans les associations d'artisans dont les premières connues sont mentionnées dans les relations de la construction du temple de Salomon.

Les disciples d'Hiram, les compagnons de tous les pays étaient des mutualistes et c'est par le compagnonnage que la Mutualité fut introduite sur le territoire que nous occupons.

Le mutualisme primitif était évidemment loin d'atteindre la perfection qu'il possède à présent; mais, malgré ses imperfections, il a survécu à toutes les évolutions politiques, à tous les bouleversements sociaux et il s'est, à chaque mouvement populaire, à ce point fortifié, qu'aucun gouvernement n'a osé le supprimer.

Avec le temps, l'institution s'est perfectionnée, les abus, les coutumes absurdes, les privilèges ont disparu et, aujourd'hui, la Mutualité est, basée sur ce grand principe de l'égalité des droits et des devoirs.

Les mutualistes ont toujours su, d'ailleurs, s'écarter de la politique et c'est ce qui a fait leur force, parce que la politique divise les citoyens et nuit au développement des œuvres qu'ils entreprennent en collectivité, tandis que la Mutualité rapproche et unit.

Les sociétés mutualistes ont su également se maintenir constamment dans les limites que le législateur leur a assignées, contrairement à ce qui s'est produit dans l'institution syndicale, dont le fonctionnement devrait être le parallèle du mouvement mutualiste, mais qui tend de plus en plus à devenir la proie des politiciens révolutionnaires.

La plupart des grands pays d'Europe se sont préoccupés de la question mutualiste et l'ont traitée sous des formes diverses correspondant au degré d'organisation ou de perfectionnement que les sociétés avait atteint chez eux.

En Allemagne, une série de mesures législatives a prémuni les classes laborieuses contre les éventualités fâcheuses en présence desquelles elles peuvent se trouver. Une première loi, celle du 15 Juin 1883, a assuré contre la maladie les personnes bénéficiant d'un traitement ou d'un salaire; puis, par la loi du 28 Mai 1885, le bénéfice de cette loi de 1883 a été étendu aux victimes d'accidents résultant du travail dans l'industrie; enfin, la loi du 5 Mai 1886 a incorporé, dans les deux précédentes lois, les personnes servant dans les exploitations agricoles et forestières. D'autre part, la loi de 1883 a été modifiée par celle du 10 Avril 1892, qui a ajouté comme nouveaux ayants droit les employés dans les entreprises commerciales, les employés de bureau des administrations publiques et privées et les équipages des navires.

Il convient d'ajouter, pour compléter l'aperçu d'ensemble de la législation mutualiste allemande, que la loi du 22 Juin 1889, sur l'invalidité et la vieillesse, prend les travailleurs à l'âge de seize ans et leur fait verser pendant trente ans une cotisation qui leur donne droit à une pension de retraite. En cas d'invalidité avant l'âge minimum d'entrée en jouissance de la retraite, les cotisants reçoivent une pension proportionnelle, à condition qu'ils aient versé pendant au moins cinq ans.

En Angleterre, la loi du 11 Août 1875, modifiée en 1887, a classé les sociétés amicales (Friendly societies), qui peuvent être inscrites sur le *Registrar General*, de la manière suivante:

1° Les sociétés, dites sociétés amicales, constituées pour subvenir, par des souscriptions volontaires de leurs membres, avec ou sans l'aide de donations, à l'assistance et au secours des membres de ces sociétés, de leurs maris, femmes, enfants, pères, mères, frères ou sœurs, neveux ou nièces ou pupilles, orphelins, pendant leurs maladies ou autres infirmités corporelles ou mentales, pendant leur vieillesse (après l'âge de 50 ans), ou pendant leur veuvage; à l'assistance et au secours des enfants orphelins des sociétaires, pendant leur minorité; à l'assurance des sommes qui doivent être payées lors de la naissance d'un enfant, ou lors du décès d'un sociétaire; aux dépenses funéraires du mari, de la femme ou de l'enfant d'un sociétaire, ou de la veuve d'un sociétaire décédé; à l'assistance et au secours des sociétaires qui voyagent à la recherche d'un emploi, ou qui sont l'objet d'une saisie, ou qui font naufrage, ou qui supportent la perte ou la détérioration de leurs bateaux ou de leurs filets; à la dotation des sociétaires ou de leurs parents, à tout âge; à l'assurance contre l'incendie de toute somme n'excédant pas 15 livres (environ 375 fr.), se rapportant aux outils ou instruments du métier ou de la profession des sociétaires;

2° Les sociétés, dites sociétés d'assurance du bétail, pour l'assurance de tout capital contre la perte provenant de la mort des bêtes à corne, moutons, agneaux, porcs et chevaux, par suite de maladie ou autrement;

3° Les sociétés, dites de bienfaisance, se proposant un but quelconque de bienfaisance ou de charité;

4° Les sociétés, dites clubs de travailleurs, ayant pour but l'établissement de relations sociales, la recherche de l'utilité mutuelle, l'amélioration intellectuelle et morale, et des récréations raisonnables;

5° Les sociétés, dites sociétés spécialement autorisées, ayant tout autre but que ceux indiqués ci-dessus et que la Trésorerie (Treasury) autorise comme étant de celles auxquelles les pouvoirs et facilités de l'acte général d'association doivent être étendus.

L'Autriche a adopté à peu près le système allemand. La loi du 30 Mars 1888, modifiée par celle du 4 Avril 1889, assure les ouvriers autrichiens contre la maladie. Une autre loi, en date du 28 Juillet 1889, concernant la situation des associations fraternelles des ouvriers mineurs, a pour objet de servir à leurs membres les secours de maladie, les frais funéraires, et des pensions pour les invalides, ainsi que pour leurs veuves et orphelins. De son côté, la Hongrie a édicté la loi du 14 Avril 1891, sur l'assurance en cas de maladie des personnes employées dans les entreprises industrielles et dans les fabriques.

En Suisse, dans certains cantons, les sociétés de secours mutuels sont régies par des lois cantonales; dans les autres cantons, elles se constituent librement et fonctionnent sous leur responsabilité et sous le régime du droit commun. Des sociétés destinées à constituer des pensions de retraite pour les instituteurs existent à peu près dans tous les cantons. Leurs statuts sont soumis à l'approbation du Conseil d'Etat.

Enfin, une loi fédérale votée en 1911 par les Chambres, et sur laquelle le peuple suisse vient de se prononcer favorablement, a institué l'assurance obligatoire contre la maladie. L'assurance contre les accidents reste facultative, mais elle est subventionnée par l'Etat.

En Italie, les sociétés de secours mutuels sont régies par la loi du 15 Avril 1886, elles forment deux catégories: celles qui bénéficient de la personnalité civile, et celles qui fonctionnent en dehors de cette attribution.

Peuvent seules obtenir la personnalité civile, les sociétés qui assurent à leurs membres un secours en cas de maladie, d'incapacité de travail ou de vieillesse, et qui secourent les familles des membres défunts. Elles peuvent, en outre, coopérer à l'éducation des sociétaires et de leurs familles, venir en aide à leurs sociétaires pour l'acquisition des instruments de leur profession et poursuivre tous autres buts propres aux institutions de prévoyance économique.

En Belgique, la loi organique de la Mutualité est celle du 3 Avril 1851, qui spécifiait que le but des sociétés de secours mutuels était d'assurer des secours temporaires à leurs membres, en cas de maladie, blessures ou infirmités, ainsi qu'aux veuves et aux familles des associés décédés; d'allouer des frais funéraires; de faciliter aux sociétaires l'accumulation de leur épargne pour l'achat d'objets usuels, de denrées ou pour d'autres nécessités temporaires. En aucun cas ces sociétés ne pouvaient garantir des pensions de retraite.

D'autre part, la loi du 23 Juin 1894, outre qu'elle a permis aux sociétés de se fédérer, a ajouté les buts suivants à ceux prévus par la loi de 1851: 1° secours en cas de naissance d'un enfant; 2° constitution de pensions de retraite sous la garantie de l'Etat; 3° assurances sur la vie et allocation aux sociétaires d'indemnité en cas de mort du bétail, ou de dommage causé à la récolte par la grêle ou d'autres cas fortuits; 4° prêts aux sociétaires, allant jusqu'à 200 francs; 5° facilité pour les sociétaires d'acheter, soit par la société, soit directement pour leur compte, en dehors des objets usuels prévus par la loi du 3 Avril 1851, des denrées, des instruments de travail, des engrais, des semences, ou d'autres objets destinés à pourvoir à des nécessités temporaires.

Au Portugal, les sociétés mutualistes sont régies par le décret du 28 Février 1891, qui définit en son article 1er, les sociétés de secours mutuels, des associations à capital indéterminé, de durée indéfinie, et d'un nombre illimité de membres, instituées pour que leurs membres se viennent mutuellement en aide.

Les buts que ces sociétés peuvent poursuivre sont les suivants: secourir les membres malades ou se trouvant momentanément dans l'impossibilité de travailler, et payer les frais d'enterrement des membres décédés; établir des pensions pour les membres réduits à une incapacité permanente de travail; établir des pensions pour les héritiers des membres décédés; remplir tout autre but propre aux associations de prévoyance.

En France, la Mutualité a traversé deux grandes époques avant d'arriver à la loi du 1er Avril 1898, qui marquera la troisième époque de la mutualité française.

La première époque, à laquelle on ne peut assigner, comme point de départ, une date précise, fait corps avec le compagnonnage et les confréries religieuses. La seconde s'étend du décret-loi organique du 26 Mars 1852, à la loi du 1er Avril 1898 précitée.

Nous ne parlerons que très succinctement de ce que fut la Mutualité pendant la première période, encore que ce serait, au point de vue de l'évolution de l'institution mutualiste, un sujet très intéressant à traiter; mais nous ne trouverions rien, dans ce lointain passé, qui puisse éclairer le présent et déterminer plus sûrement le sens dans lequel doit s'orienter l'avenir.

D'ailleurs, nous ne rencontrons dans cette période que des sociétés compagnonniques et des sociétés qui se mettaient sous la protection des confréries religieuses.

Les premières étaient sous la dépendance absolue des régimes autoritaires qui gouvernaient la France, et les compagnons étaient obligés de se réunir clandestinement, bien que l'objet de leurs réunions n'eût rien de subversif.

Quant aux autres, elles avaient plus de sécurité, parce que le clergé était tout-puissant; mais, pour être plus appréciée des seigneurs et de la royauté, leur soumission n'en était pas moins complète.

Les unes et les autres étaient des sociétés corporatives, c'est-à-dire composées de membres exerçant le même métier ou la même profession.

En 1789, la Déclaration des droits de l'homme fit croire aux ouvriers qu'ils avaient la liberté de se réunir et de se coaliser. Immédiatement — et ce fut là leur erreur — ils tentèrent, à l'aide de leurs groupements mutualistes, le relèvement de leurs salaires. Dénoncés à la Commune de Paris, ils motivèrent la loi des 14-17 Juin 1791, qui interdisait rigoureusement les réunions ou associations entre citoyens appartenant au même état, ou à la même profession, et qui visait plus spécialement les sociétés compagnonniques, notamment celle des compagnons charpentiers, dont l'activité et la cohésion avaient inquiété l'Assemblée Constituante.

Les confréries religieuses échappèrent à la loi et, sous le couvert d'exercices religieux, elles continuèrent à se réunir fréquemment. L'Empire y mit fin en édictant l'article 291 du Code pénal (loi des 16, 26 Février 1810), qui limitait à vingt personnes, les réunions non autorisées et étendait l'interdiction aux sociétés qui s'occupaient d'objets religieux.

Cet article stipulait : « les sociétés quelconques « ne pourront se former qu'avec l'agrément du gou- « vernement et dans les conditions qu'il plaira à « l'autorité publique de leur imposer. »

Par conséquent, les sociétés de secours mutuels autorisées, qui avaient gardé le caractère professionnel, étaient par cela même étroitement surveillées.

La loi du 10 Avril 1834 mit plus de rigueur encore dans la surveillance administrative et les sociétés de secours mutuels, peu nombreuses, d'ailleurs, se ressentirent de ce nouvel état de choses.

La révolution de 1848 n'apporta aucun tempérament dans leur organisation. Cependant une plus grande liberté de fonctionnement leur fût laissée.

Telle est, esquissée à grands traits, l'historique de la Mutualité jusqu'en 1852 ; date qui marque la seconde époque de la Mutualité française.

Cette seconde époque mérite un examen plus approfondi car, à partir de 1852, par le système de l'approbation qui conférait la personnalité civile aux sociétés qui s'y conformaient, la Mutualité est devenue méthodique et prospère.

Du reste, l'organisation et le fonctionnement actuels de la Mutualité, bien que régis par la loi du 1er Avril 1898, s'expliquent surtout par la législation antérieure, qui est restée en vigueur pendant près d'un demi-siècle.

Sur ce point, comme sur beaucoup d'autres, le présent est surtout l'œuvre du passé, dont il garde l'empreinte profonde.

Il est donc nécessaire, si l'on veut bien comprendre l'état actuel de l'institution, sa structure, son esprit, de jeter un coup d'œil rétrospectif sur l'ancienne législation qui survit dans un grand nombre de ses effets.

Aussi bien, cette législation présente-t-elle une évolution intéressante. Elle explique les innovations heureuses ou malheureuses de la loi nouvelle, les progrès, les erreurs, les insuffisances de celles-ci.

Avant la loi du 1er Avril 1898, les sociétés de secours mutuels se divisaient en sociétés *autorisées* et en sociétés *approuvées*.

Les premières étaient astreintes à l'autorisation préalable de l'Administration, en vertu de l'article 291 du Code pénal, elles s'administraient librement; mais elles ne jouissaient pas de la personnalité civile et ne pouvaient recevoir ni dons ni legs.

Les secondes, après avoir sollicité et obtenu l'approbation, étaient investies de ces droits, mais elles perdaient la faculté de s'administrer entièrement par elles-mêmes et se trouvaient placées sous la tutelle administrative.

Cette tutelle était quelque peu étroite. La loi du 15 Juillet 1850, qui fixait les conditions auxquelles les sociétés pouvaient, sur leur demande, être déclarées établissements d'utilité publique, leur prescrivait de compter 100 membres au moins et 2.000 au plus. Elle les plaçait sous la protection et la surveillance de l'autorité municipale, le maire ou un adjoint délégué par lui ayant toujours le droit d'assister à toute séance et de la présider.

Lorsque les fonds réunis dans la caisse d'une société de plus de 100 membres s'élevaient au-dessus de 3.000 francs, l'excédent était versé à la Caisse des Dépôts et Consignations.

Toutes ces préscriptions revêtaient un caractère particulièrement restrictif. Cependant, nous devons à la vérité de dire que la loi de 1850 contenait quelques dispositions offrant des avantages aux sociétés autorisées, et des garanties aux sociétaires.

C'est ainsi que les Communes devaient, au besoin, fournir gratuitement aux sociétés dûment autorisées, ou aux sections établies dans leur circonscription, des locaux pour les réunions, ainsi que les livrets et registres nécessaires à l'administration et à la comptabilité.

D'autre part, tous les actes intéressant les sociétés autorisées étaient exempts des droits de timbre et d'enregistrement.

Ce n'était évidemment pas la perfection, mais il faut reconnaître que cette loi présentait un certain nombre de dispositions avantageuses, qui se retrouvent, d'ailleurs, dans la loi de 1898.

Sauf pour les sociétés de secours mutuels reconnues comme établissements d'utilité publique, la loi du 15 Juillet 1850 fut abrogée par le décret-loi organique du 26 Mars 1852.

Ce décret-loi institua le régime de l'approbation et étendit, aux sociétés reconnues comme établissements d'utilité publique en vertu de la loi de 1850, les avantages qu'il conférait aux sociétés approuvées.

Mais, rendu en période dictatoriale, il contenait encore de nombreux côtés restrictifs. Il réservait au chef de l'Etat la nomination directe des présidents. Les préfets avaient un pouvoir de surveillance allant jusqu'à l'arbitraire. La personnalité civile des sociétés se bornait à la possession mobilière. Il leur était interdit de former des unions ou fédérations.

Bien mieux, les sociétés ne pouvaient être créées que par les soins du maire et du curé de la commune et encore fallait-il que l'utilité de cette création fut reconnue et déclarée par le préfet, après avis du conseil municipal.

Il est bon d'ajouter que les attributions des sociétés restaient limitées aux services de maladie et que des pensions de retraite ne pouvaient être promises que lorsque le nombre des membres honoraires était suffisant.

Cependant, il est juste de constater que cette nouvelle législation a introduit dans l'organisme mutualiste d'heureuses innovations, puisqu'elle a permis aux sociétés de secours mutuels approuvées de prendre des immeubles à bail, de posséder des objets mobiliers et de recevoir des dons et des legs mobiliers dont la valeur n'excédait pas 5.000 francs.

On peut donc dire que la Mutualité a fait un grand pas en avant le jour où le décret de 1852 a été rendu. C'est, d'ailleurs, de ce décret que datent les véritables sociétés de secours mutuels approuvées, et c'est pour cette raison qu'il convenait d'en montrer les grandes lignes.

Le décret-loi organique du 26 Mars 1852 a été immédiatement suivi du décret du 27 Mars de la même année, qui a prélevé 10 millions de francs sur le produit de la vente des biens de la famille d'Orléans pour constituer ce qu'on appelle la « Dotation des sociétés de secours mutuels. »

Cette somme fut versée à la Caisse des Dépôts et Consignations, moyennant un rapport de 4,50 °/°, soit 500.000 francs qui étaient à l'origine exclusivement destinés à venir en aide aux sociétés qui se constituaient, pour frais de premier établissement, ou aux anciennes dont les finances se trouvaient en déficit pour cause de force majeure, pour épidémie, par exemple.

Les sociétés n'étant pas nombreuses, les intérêts de la dotation ne recevaient pas leur emploi complet. Le reliquat s'ajoutait au capital et les économies faites de ce chef permirent de porter à 510.000 francs les revenus de ce fonds, qui furent consolidés à ce dernier chiffre.

Cette disponibilité annuelle ne figure pas au budget de l'Etat; elle est simplement inscrite au chapitre spécial du budget du ministère du Travail et de la Prévoyance sociale.

Mais il est à remarquer que jusqu'à ce moment, les sociétés ne sont autorisées à constituer des pensions de retraites qu'à titre complémentaire.

Il paraît même extraordinaire que cette innovavation, qui est appelée à devenir l'une des branches les plus importantes du mutualisme, ait tant tardé à être apportée dans la Mutualité.

Il nous faut donc arriver au décret du 26 Avril 1856 pour voir apparaître les premiers fonds de retraites.

Ce décret a, en effet, affecté sur les revenus du fonds de dotation dont il vient d'être parlé, une somme de 200.000 francs, à la constitution d'un fonds de retraites au profit des sociétés approuvées qui prendraient, en assemblée générale, l'engagement de consacrer à ce fonds de retraites une portion de leur capital de réserve. Ces 200.000 francs vinrent en augmentation proportionnelle, des versements effectués par les sociétés bénéficiaires, au compte de leur fonds de retraites.

Pareil encouragement devait produire de prompts et d'excellents résultats. La plupart des sociétés approuvées adoptèrent cette méthode et bientôt tous les revenus de la dotation furent employés à subventionner les fonds de retraites.

Ils devinrent même insuffisants à un moment donné, et, depuis 1881, un crédit spécial est voté chaque année par le Parlement pour parfaite le surplus des subventions.

En trente ans, le total des crédits votés pour les subventions aux sociétés qui ont un fonds de retraites a atteint environ 25 millions de francs, sur lesquels 20 millions à peine ont été dépensés, alors que l'Assistance publique coûte en France plus de 250 millions par an.

Si l'on compare ce léger sacrifice à la somme de services qu'il rend aux travailleurs, on est forcé de convenir que c'est une libéralité bien employée, d'autant mieux employée qu'une recrue, une fois entrée dans les rangs de la Mutualité, ne frappe plus à la porte de l'Assistance publique.

Nous venons de voir que le décret-loi de 1852 réservait au chef de l'Etat la nomination des présidents, qui étaient — cela va de soi — choisis avec soins parmi les partisans du régime, alors même que des administrateurs plus capables eussent existé dans le sein des sociétés approuvées.

Beaucoup de sociétés ne voulurent pas se plier à cette exigence; elles préférèrent fonctionner sous le couvert de la simple autorisation et se priver, ainsi, des avantages conférés par l'approbation.

Le gouvernement de la Défense nationale, par décret en date du 27 octobre 1870, rapporta la clause du décret de 1852 relative à la nomination des présidents, qu'il remit à l'élection des sociétaires.

Cette réforme eut un résultat bienfaisant. A la défiance qu'inspiraient les imposés, elle substitua la confiance et la Mutualité prit immédiatement un certain essor.

Mais, chose curieuse, bien que le décret de 1870 ait rendu aux sociétés la nomination de leurs présidents et qu'après plus de 40 années de République, la tolérance administrative à l'égard des sociétés approuvées ait été aussi large qu'on puisse le désirer, l'hostilité qui s'est manifestée autrefois contre l'approbation subsiste encore dans l'esprit d'un certain nombre de vieux mutualistes.

L'Administration de la République demeura longtemps, d'ailleurs, imbue des errements précédents jusqu'à ce qu'elle devint enfin vraiment républicaine et démocratique.

Alors, elle donna aux textes de lois une interprétation large, une élasticité aussi grande que possible; elle procéda, en quelque sorte, à la refonte de l'organe mutualiste en appliquant, bien avant la lettre, les parties essentielles de la loi du 1er Avril 1898.

Telles sont les bases sur lesquelles la Mutualité française a fonctionné durant sa deuxième période.

Nous laissons volontairement dans l'ombre les nombreux décrets, arrêtés et règlements fixant la répartition des subventions accordées aux sociétés et nous passons également sous silence les diverses modifications apportées aux conditions de cette répartition, en 1859, 1868 et 1869.

En exposant la législation mutualiste actuelle, nous indiquerons quelles sont les dispositions réglementaires, présentement en vigueur, qui régissent les subventions et fixent les conditions de leur attribution.

La Législation Mutualiste actuelle

Loi du 1er Avril 1898.

On a dit, avec raison, que la loi du 1er Avril 1898, sur les sociétés de secours mutuels, était une de nos lois sociales les plus importantes, tant par son caractère économique, qu'en raison des milieux où elle produit ses résultats.

Elle est, en tous cas, de nature, par les avantages considérables qu'elle réserve aux sociétés mutualistes, à développer l'esprit de prévoyance chez les travailleurs.

La loi de 1898, — il faut lui rendre tout d'abord cette justice — a simplifié à l'extrême les formalités auxquelles les sociétés étaient astreintes pour se constituer régulièrement et, en refondant complètement la législation des sociétés de secours mutuels, elle en a donné une définition très précise en son article premier :

« Les sociétés de secours mutuels sont des as« sociations de prévoyance qui se proposent d'at« teindre un ou plusieurs des buts suivants : assurer « à leurs membres participants et à leurs familles « des secours en cas de maladie, blessures ou infir« mités, leur constituer des pensions de retraites, « contracter à leur profit des assurances individuelles « ou collectives en cas de vie, de décès ou d'acci« dents, pourvoir aux frais de funérailles et allouer « des secours aux ascendants, aux veufs, veuves « ou orphelins des membres participants décédés.

« Elles peuvent, en outre, accessoirement créer, « au profit de leurs membres, des cours profes« sionnels, des offices gratuits de placement et ac« corder des allocations en cas de chômage, à la « condition qu'il soit pourvu à ces trois ordres de « dépenses au moyen de cotisations ou de recettes « spéciales. »

Cette définition est large; elle autorise toutes les conceptions que peut faire naître le sentiment de la prévoyance, sous la seule réserve que les buts poursuivis soient véritablement mutualistes; elle permet d'organiser l'assurance contre tous les risques naturels qui atteignent la personne: chômage, maladie, accidents, vieillesse, décès.

L'extension donnée par la législation nouvelle à l'objet des associations mutualistes indique donc l'esprit de la loi de 1898, qui est une loi de liberté.

Dans le domaine de la mutualité, elle a accordé aux citoyens français, pour la première fois, la liberté d'association.

Pour fonctionner, les sociétés ne sont plus assujetties qu'au dépôt préalable, effectué un mois à l'avance et en double exemplaire: 1° de leurs statuts; 2° de la liste des noms et adresse de leurs administrateurs ou directeurs provisoires (article 4). Le dépôt a lieu, contre récépissé, à la sous-préfecture de l'arrondissement où la société a son siège social, ou à la préfecture du département (à Paris, à la Préfecture de police).

L'article 3, qui fixe les dispositions afférentes à la composition et à l'administration des sociétés, a apporté aussi son contingent de réformes heureuses, puisqu'il admet que les membres honoraires atteints par des revers puissent devenir membres participants. Cet article stipule aussi que les femmes mariées peuvent faire partie des sociétés et en créer sans l'assistance de leur mari; d'autre part, il permet aux mineurs de s'y affilier sans l'intervention de leur représentant légal.

Une semblable dérogation aux prescriptions du code civil est parfaitement justifiée, puisqu'elle se place sur le terrain de la prévoyance, qui a pour objectif, non de dissiper, mais bien d'épargner en vue d'une garantie collective contre des risques ou des besoins éventuels.

L'article 5 définit, d'une façon très large, les statuts sociaux et en détermine les principales conditions. Il fixe, en outre, les règles générales qui doivent présider à la constitution des retraites garanties ou non garanties.

Cet article exige que les sociétés prévoient dans leurs statuts la spécialisation des cotisations et qu'elles formulent nettement l'étendue de leurs engagements, afin de rendre impossible les erreurs et les désillusions.

Mais, chose curieuse, le dit article, qui distingue deux sortes de pensions, les unes garanties, les autres non garanties, autrement dit, celles pour lesquelles il n'est pas pris d'engagement ferme, prescrit seulement la spécialisation des cotisations pour la constitution des retraites garanties.

Cette spécialisation constitue une exigence très légitime, car il ne saurait être permis aux sociétés de prendre à la légère des engagements formels qu'elles se verraient par la suite dans l'impossibilité de tenir. Toutefois, ce n'est pas assez et il est regrettable que le législateur, en imposant le régime de la spécialisation aux retraites garanties ne l'ait pas étendu à tous les risques prévus à l'article 1er, notamment à l'assurance contre la maladie, organisée sur des bases si peu rationnelles qu'elle absorbe, dans la plupart des sociétés, au-delà des cotisations des membres participants.

Les membres honoraires, dont l'article 3 consacre l'existence et le rôle, deviennent, par suite, le rouage essentiel du fonctionnement de l'assurance contre la maladie et c'est là un élément d'incertitude dans la gestion financière des sociétés.

L'article 8, un des plus importants au point de vue de l'esprit libéral de la loi, accorde aux sociétés, quel qu'en soit le nombre, la faculté d'établir, sur tout le territoire, entre elles, en conservant d'ailleurs leur autonomie, des unions ayant pour objet notamment : l'admission des membres participants qui ont changé de résidence, le règlement de leurs pensions viagères de retraite ; l'organisation d'assurances mutuelles pour les risques divers auxquels les sociétés se sont engagées à pourvoir, notamment la création des caisses de retraites et d'assurances communes à plusieurs sociétés pour les opérations à long terme et les maladies de longue durée.

Une large liberté est, par conséquent, laissée aux associations mutuelles. Elle leur était due. Mais cette liberté, elles n'en doivent user vis-à-vis de leurs adhérents que sous la règle de la justice ou de l'égalité de traitement pour tous.

La loi impose, en effet, l'obligation de garantir à tous les sociétaires, des avantages égaux pour des apports égaux.

C'est la règle prescrite par l'article 2 qui dit textuellement :

« Ne sont pas considérées comme sociétés de « secours mutuels les associations qui, tout en orga- « nisant, sous un titre quelconque tout ou partie des « services prévus à l'article 1er, créent au profit de « telle ou telle catégorie de leurs membres et au dé- « triment des autres, des avantages particuliers. Les « sociétés de secours mutuels sont tenues de garantir « à tous leurs membres participants les mêmes avan-

« tages, sans autre distinction que celle qui résulte « des cotisations fournies et des risques apportés. »

Cet article vise les sociétés qui promettent simplement à leurs membres une part de revenu du capital social, après un nombre déterminé d'années de présence effective dans la société, sans fixer un maximum à cette part.

Il devenait indispensable d'introduire une disposition de ce genre dans la législation mutualiste, si l'on voulait éviter que les erreurs qui avaient été commises — de bonne foi du reste — en se reproduisant, vinssent porter un grave préjudice au développpement incessant des associations de prévoyance.

La loi de 1898 a donc nettement spécifié que toute société qui se constitue doit s'établir sur la base d'une égalité absolue des charges et des aventages. C'est la justice même.

Enfin, l'article 12 étend à toutes les allocations que les sociétés mutualistes peuvent accorder à leurs membres participants (secours, pensions, assurances, etc.), le bénéfice des dispositions de la loi du 20 Juillet 1886, relative à la Caisse nationale des retraites pour la vieillesse, qui met à l'abri des oppositions les pensions de retraite qu'elle liquide lorsqu'elles ne dépassent pas annuellement 360 francs. L'article en question étend même l'immunité aux capitaux assurés, jusqu'à concurrence de 3.000 francs, alors que l'article 7 de la loi du 11 Juillet 1868, sur la Caisse d'assurance en cas de décès, ne rend les capitaux assurés insaisissables que lorsqu'ils n'excèdent pas 1.000 francs.

Les dispositions que nous avons indiquées jusqu'ici sont communes à toutes les sociétés. Mais la loi du 1er Avril 1898 a maintenu parmi elles les diverses catégories établies par l'ancienne législation :

1° Les sociétés libres.

2° Les sociétés approuvées.

3° Les sociétés reconnues comme établissement d'utilité publique.

Les sociétés libres jouissent de la personnalité civile.

Elles peuvent se livrer à des actes de simple administration, recevoir — avec l'autorisation du préfet — des dons et legs mobiliers et même immobiliers, à charge par elles de les aliéner. La loi leur permet de prendre à bail ou d'acquérir des immeubles, mais seulement pour l'installation de leurs divers services. L'article 9 de la loi leur donne la faculté de contracter des assurances, soit en cas de décès, soit en cas d'accident. Elles ont enfin le droit d'ester en justice tant en demandant qu'en défendant.

Les infractions aux dispositions légales sont punies dans la personne des administrateurs ou directeurs d'une amende de 1 à 15 francs.

La dissolution volontaire d'une société ne peut être prononcée que dans une assemblée convoquée à cet effet, par un avis indiquant l'objet de la réunion, et à la condition de réunir à la fois une majorité des deux tiers des membres présents et la majorité des membres inscrits.

Les sociétés approuvées et celles reconnues d'utilité publique sont astreintes à une certaine surveillance administrative — ce qui constitue d'ailleurs, une garantie de sécurité pour leurs sociétaires — mais elles obtiennent, en retour, des avantages spéciaux.

Tout d'abord, l'article 16 fixe expressément que, les sociétés approuvées ont tous les droits accordés aux sociétés libres. En outre, le Conseil d'Etat peut les autoriser à recevoir des dons et legs immobiliers et à acquérir les immeubles nécessaires à leurs services.

Les communes doivent leur fournir des locaux pour leurs réunions ainsi que les livrets et registres pour l'administration et pour la comptabilité. Les actes qui les intéressent sont exempts des droits de timbre et d'enregistrement. Les communes doivent leur faire remise des deux tiers de la taxe municipale sur les convois.

Elles sont admises à verser leurs capitaux à la Caisse des Dépôts et Consignations en compte courant disponible et en compte affecté à la formation d'un fonds commun inaliénable; ces deux comptes portant intérêt à 4 1/2 o/o.

Elles peuvent constituer des retraites, soit sur le fonds commun, soit sur les fonds libres, soit par livret individuel.

En dehors des retraites garanties, les sociétés approuvées peuvent enfin accorder des allocations annuelles prises sur les ressources disponibles, aux membres âgés d'au moins 50 ans et ayant acquitté la cotisation sociale pendant 15 ans.

L'approbation est de droit, sauf dans les deux cas suivants: 1° pour non conformité des statuts avec la loi; 2° si les recettes ne sont pas proportionnées aux dépenses pour la constitution des retraites garanties et des assurances en cas de vie, de décès ou d'accident.

C'est ce qu'on appelle établir la péréquation des recettes et des dépenses pour chaque risque. Cette péréquation a été qualifiée de « nécessité inéluctable » par l'honorable Monsieur Lourties, Rapporteur de la loi de 1898, au Sénat.

Tout changement apporté dans les statuts doit être soumis aux mêmes formalités que la première approbation, et en cas d'inexécution des statuts ou de violation de la loi, l'approbation peut être retirée par décret rendu au Conseil d'Etat.

Il est facile de se rendre compte, par ce qui précède, que le champ d'action des sociétés approuvées est suffisamment étendu et qu'elles peuvent y faire fonctionner aisément tous leurs services.

D'ailleurs, toute garantie contre l'arbitraire administratif est laissée, par l'article 16, § 6, et par l'article 30 de la loi, aux sociétés qui se verraient refuser ou retirer l'approbation, puisqu'elles ont la faculté de former, sans ministère d'avocat, un recours devant le Conseil d'Etat et que ce recours est dispensé de tout droit.

Il convient d'ajouter qu'une heureuse innovation a été apportée dans la loi par le § 1er de l'article 17, qui étend aux legs immobiliers la capacité civile des sociétés approuvées.

Enfin, il est bon d'examiner, d'une façon particulière, la question du placement des fonds sociaux dans les dites sociétés.

L'article 13 du décret organique du 26 Mars 1852 stipulait que les sociétés approuvées ne pouvaient avoir en caisse que 1.000 ou 3.000 francs, selon que leur effectif était de moins ou de plus de 100 membres, et que le surplus devait être versé à la Caisse des Dépôts et Consignations. L'article 14 du même décret leur donnait la latitude de faire des placements aux Caisses d'Epargne, dont le maximum était fixé à 8.000 francs.

L'article 20 de la loi du 1er Avril 1898 a abrogé les dispositions des articles 13 et 14 précités et autorisé les sociétés approuvées à placer leurs fonds en rentes sur l'Etat, bons du Trésor ou autres valeurs créées ou garanties par l'Etat, en obligations des Départements, des Communes, du Crédit Foncier de France, ou des Compagnies françaises de chemins de fer soumises au contrôle financier de l'Etat par le régime dit des conventions.

Au début de la Mutualité, il était peut-être prudent de limiter aux Caisses d'épargne et à la Caisse des Dépôts et Consignations les placements de fonds des sociétés approuvées, parce que leurs administrateurs n'avaient pas acquis l'expérience qu'ils ont accumulée depuis.

Mais aujourd'hui, leur savoir-faire est incontestable et ils étaient trop à l'étroit dans le champ d'action qui leur était imparti.

C'est pour ces motifs que le législateur a élargi leur domaine, tout en opposant une barrière aux écarts qu'ils pourraient commettre.

Cet article 20 de la loi confère, d'ailleurs, aux sociétés approuvées une véritable personnalité civile, puisqu'il permet la possession, par achat, et jusqu'à concurrence des trois-quarts de leur avoir, d'immeubles qu'elles peuvent vendre et échanger, le tout sans l'autorisation du Conseil d'Etat.

Mais, dans le but de mettre les sociétés en garde contre les opérations de ce genre qui n'auraient pas été suffisamment réfléchies, la loi stipule que, pour être valables, elles devront être sanctionnées par une assemblée générale extraordinaire convoquée spécialement à cet effet et à la majorité des trois-quarts des voix de la moitié au moins des sociétaires dont la présence ou la représentation est exigée.

Le droit pour les sociétés approuvées de posséder des immeubles implique, *a fortiori*, celui de posséder des valeurs mobilières.

Le § 4 de l'article 20 en est, du reste, la confirmation; mais il exige que les titres et valeurs au porteur, dont la négociation est plus facile que celle des valeurs et titres nominatifs, soient déposés à la Caisse des Dépôts et Consignations, qui se substituera aux sociétés pour en encaisser les revenus et les inscrire à leur compte de dépôt.

Les sociétés approuvées ont également le droit d'acquérir des immeubles pour leur service d'hospitalisation, c'est-à-dire qu'elles peuvent avoir un dispensaire, un hôpital et une maison de retraites.

Quant aux avantages spéciaux accordés aux sociétés approuvées, en dehors de ceux indiqués ci-dessus, ils sont les suivants :

L'article 21 de la loi de 1898 réserve aux capitaux qu'elles versent soit à la Caisse des Dépôts et Consignations en compte courant disponible, soit au Fonds commun de retraites inaliénable, le taux d'intérêt de 4,50 o/o déterminé par le décret-loi du 26 Mars 1852 et le décret du 26 Avril 1856.

D'autre part, l'article 26 règle, au profit des sociétés approuvées, l'emploi des arrérages du fonds de dotation de la Mutualité ; il fixe aussi les bases des subventions qui leur sont accordées.

Ces subventions s'appliquent aux versements effectués par les sociétés approuvées au Fonds commun de retraites ; elles sont calculées de la manière suivante, conformément aux dispositions de l'arrêté ministériel du 30 Avril 1900 :

1° Le quart du versement effectué ;

2° *a*) Un franc par membre participant des sociétés qui assurent à la fois le service des retraites et celui de la maladie.

b) Cinquante centimes par membre participant des sociétés qui n'assurent que le service des retraites ;

3° *a*) Un franc par membre participant âgé de plus de 55 ans des sociétés qui assurent à la fois le service des retraites et celui de la maladie ;

b) Cinquante centimes par membre participant

âgé de plus de 55 ans des sociétés qui n'assurent que le service des retraites.

Lorsque le nombre des membres participants est égal ou inférieur à 1.000, la subvention ne peut excéder 3.000 francs. Si le nombre de ces membres est supérieur à 1.000, la subvention ne peut excéder ce nombre multiplié par 3, sans pouvoir dépasser la somme de 10.000 francs.

Ces subventions sont inscrites à capital réservé au profit des sociétés et portées au crédit de leur compte fonds de retraites.

Outre les subventions susvisées, les sociétés approuvées bénéficient également de la répartition des trois cinquièmes des comptes abandonnés des Caisses d'épargne (déchéances trentenaires).

En ce qui concerne les sociétés reconnues par décret comme *établissements d'utilité publique*, on peut les définir, après ce qui vient d'être exposé, en disant qu'elles jouissent de tous les avantages concédés aux sociétés approuvées. Elles peuvent, en outre, posséder et acquérir, vendre et échanger des immeubles, dans les conditions déterminées par le décret déclarant l'utilité publique (article 33 de la loi de 1898).

Telles sont les dispositions de la loi du 1er Avril 1898; elles constituent la *charte de la Mutualité française*, selon l'expression heureuse de M. Barberet, ancien directeur de la Mutualité au ministère de l'Intérieur, qui en a fait un exposé et un commentaire remarquables dans son livre « Les Sociétés de Secours mutuels » (1).

Nous allons montrer que la Mutualité, avec

1 Librairie Berger-Levrault

l'élan admirable que lui a donné la législation nouvelle, est de nature à enlever aux travailleurs la plupart des inquiétudes de leur vie de labeur, comme celles de leurs vieux jours.

La prévoyance doit remplacer progressivement l'assistance publique; elle peut aussi contribuer puissamment à la disparition des rivalités sociales.

Mais avant de démontrer que la plus grande partie des problèmes sociaux peuvent être résolus par la Mutualité, c'est-à-dire par la prévoyance volontaire, il est intéressant — semble-t-il — d'exposer quelles sont les différentes formes et les applications de l'organisme mutualiste.

Il ne faut pas oublier, en effet, que la question sociale est avant tout une question d'éducation et qu'après avoir fait naître l'idée, il faut lui frayer le chemin. Il faut donc façonner l'âme mutualiste, car la Mutualité, grâce à l'ampleur de ses cadres, à la variété de ses institutions, à la souplesse de sa méthode, peut pénétrer partout et se mêler à toutes les entreprises généreuses, qui ont pour objet l'allègement des misères, l'amélioration des conditions sociales et la prospérité nationale.

Applications Mutualistes

La Mutualité moderne nous offre deux grandes manifestations d'un ordre tout à fait différent. La première, la plus ancienne, consiste en l'établissement de sociétés de secours mutuels proprement dites. La seconde, la plus récente, a pour but d'assurer au mutualiste une pension viagère.

Les sociétés de secours mutuels proprement dites ont pour objet d'apporter au mutualiste des secours médicaux et pharmaceutiques, des indemnités en cas de maladie, de décès, d'accident, et de pourvoir aux frais de funérailles des membres participants. Elles donnent également, mais accessoirement, des pensions de retraite.

Ce sont essentiellement des sociétés locales, dont l'action ne dépasse guère la commune dans laquelle elles ont été fondées. Ces sociétés, sont, par suite, les plus nombreuses, et on en peut compter aujourd'hui près de 20.000 sur le territoire de la France. Parmi celles-ci, 5.000 environ sont des sociétés professionnelles, c'est-à-dire composées de mutualistes appartenant à la même profession.

Si les sociétés de secours mutuels constituent en quelque sorte l'apprentissage de la Mutualité, les sociétés mutuelles de retraites en sont la mise en œuvre intégrale et comme le couronnement.

Ces sociétés ne sont généralement pas locales; elles recrutent, au contraire, leurs affiliés par toute la France et les Colonies. La mutualité-retraites est, il faut le reconnaître, la forme supérieure de la Mutualité, car elle exige, pour donner des résultats, le concours, la coopération de trois facteurs également indispensables : le nombre, la science et la justice.

Mais, qu'il s'agisse de l'une ou de l'autre des deux grandes manifestations mutualistes, pour se rendre compte de l'effort énorme accompli dans cette branche nouvelle de l'activité sociale qu'est la Mutualité, pour se convaincre que l'association mutualiste additionne et multiplie les efforts d'épargne, en même temps qu'elle diminue régulièrement les divers risques de la vie, il faut examiner individuellement les combinaisons variées auxquelles elle se prête.

Voici donc les formes diverses que la Mutualité peut revêtir :

Mutualité maternelle et infantile. — La France se dépeuple dit-on? C'est peut-être exagéré; mais, en tous cas, si elle ne se dépeuple pas encore, il faut reconnaître, cependant, que sa population ne s'accroît plus.

En Allemagne, la population augmente de 140 unités par 1.000 habitants chaque année; en Angleterre, de 100 unités par 1.000 habitants; en Autriche, de 91 unités; en Italie, de 72 ; en France, de 12 unités seulement par 1.000 habitants. C'est une constatation affligeante !

Quelles sont les causes de cette dépopulation? Elles sont multiples et nous sortirions du cadre de cette étude en voulant les exposer et les analyser.

Contentons-nous donc de dire qu'aucune loi ne peut faire naître un enfant de plus en France et que l'important est, d'abord, de sauver les enfants qui naissent, ensuite, de donner aux mères aide et secours, afin qu'elles envisagent avec moins de terreur les maternités futures.

Lorsque la mère souffre parce qu'elle se trouve aux prises avec les dures nécessités de la vie, sa souffrance retombe sur l'enfant et menace de compromettre sa santé. Et cela est si vrai que sur cent enfants qui meurent de un jour à un an, quarante-huit ont de un jour à six semaines.

Or, l'expérience a démontré que la charité ne pouvait suffire à tous les besoins sur ce terrain de l'assistance aux mères et aux enfants. Il faut donc que la Mutualité intervienne, pour atténuer les souffrances de la mère pauvre, et cette intervention de la mutualité maternelle ne doit pas être considérée jalousement par la charité maternelle

Le nombre des mères à secourir, des enfants à protéger est si grand, que la charité aura toujours une large part de misères à soulager. Quant à la mutualité maternelle, elle vient s'établir à côté, non pas en rivale, mais en sœur, avec cette différence qu'elle fait appel à l'effort personnel et à l'idée de prévoyance.

Jusqu'ici, par suite de craintes chimériques de légendes stupides représentant la femme comme une cause de ruine pour les sociétés de secours mutuels, on la tenait à l'écart des associations.

On trouve encore dans un grand nombre de statuts de sociétés de secours mutuels cette clause monstrueuse : « l'accouchement n'est pas considéré comme une maladie. »

Cependant, grâce à une campagne énergique, cette clause a tendance à disparaître ; certaines sociétés accordent déjà les secours médicaux nécessaires, d'autres ajoutent une prime d'accouchement variant de 10 à 40 francs.

C'est un progrès, mais il est insuffisant et la mutualité maternelle peut faire mieux.

La mutualité maternelle a pour but d'allouer à la sociétaire participante, avant, pendant et après l'accouchement, une indemnité journalière, qui autant que possible, doit tenir lieu de salaire quotidien. A cette indemnité journalière s'ajoutent, dans quelques sociétés, les secours médicaux et pharmaceutiques, les soins de la sage-femme et ceux du médecin, s'il y a lieu, au moment de l'accouchement.

On trouve également, dans certaines associations, des secours extra-statutaires, sous forme de dons de layette, de berceau, etc...

Après avoir pensé à la mère, il faut songer au nouveau-né et c'est là que doit intervenir la mutualité infantile.

Son premier but doit être de faciliter à la mère l'allaitement de son enfant et, s'il faut recourir à l'allaitement artificiel, de surveiller ce dernier, pour qu'il soit conforme aux règles de l'hygiène.

C'est à la mutualité infantile qu'il appartient de fournir le lait stérilisé que les mères pauvres, les mères abandonnées, les filles-mères, ne peuvent avec leurs seules ressources se procurer. C'est elle aussi qui doit, pendant la première année tout au moins, placer le nouveau-né sous la surveillance du médecin et, si cela est nécessaire, lui donner les secours pharmaceutiques.

Beaucoup de villes en France ont organisé des sociétés de mutualité maternelle. Nous pouvons citer: Paris, Marseille, Lyon, Bordeaux, Lille, Nantes, Saint-Etienne, Roubaix, Dijon, Angers, Béziers, Montpellier, Besançon, Vienne, Châlons-sur-Marne, Melun, Chartres, Toulon, Chaumont, Dannemarie-les-Lys, etc...

A Paris, le Président fondateur de la mutualité maternelle est Monsieur Félix Poussineau, qui a obtenu des résultats magnifiques. Dans son association, la mortalité infantile est descendue de 32 o/o à 6 o/o.

A Dannemarie-les-Lys, petite commune où Monsieur Poussineau a créé une mutualité maternelle, la mortalité infantile est tombée à 2 o/o et la natalité augmente.

La diminution de la mortalité infantile n'est pas le seul résultat obtenu: beaucoup de femmes ont été sauvées de la mort, au moment de l'accouchement, par les soins qu'elles ont reçus et par le repos qu'elles ont pu prendre.

Pour constituer une société de mutualité maternelle durable, il faut s'efforcer de l'asseoir sur des bases solides et, pour y parvenir, il faut lui assurer le quintuple concours des membres honoraires, de l'Etat, du Département, de la Commune et des Œuvres de charité maternelle existantes.

Quant aux membres participants, il faut leur demander une cotisation mensuelle de 0 fr. 75, si l'on veut leur donner droit, pendant la semaine qui précède l'accouchement et pendant les trois semaines qui suivent la naissance de l'enfant, à une indemnité journalière de 2 francs, à une indemnité de 20 francs pour rétribuer les soins de la sage-femme, et à une indemnité variant de 10 à 25 francs en cas d'opération en vue de l'accouchement.

Une cotisation mensuelle de 0 fr. 50 donnerait droit aux adhérentes à une indemnité journalière de 1 fr. 50 pendant la période indiquée ci-dessus, à une indemnité de 15 francs pour la sage-femme et à une indemnité spéciale de 10 à 25 francs en cas d'opération.

Une cotisation mensuelle de 0 fr. 25 donnerait droit à une indemnité journalière de 1 fr., à une indemnité de 15 fr. pour la sage-femme et à une indemnité spéciale de 10 à 25 fr. en cas d'opération.

Les adhérentes sont généralement admises à partir de l'âge de seize ans. Le paiement sans interruption de la cotisation donne droit au paiement des mêmes indemnités en cas de nouvelle grossesse.

L'indemnité journalière ne doit être payée que si la mère s'abstient de tout travail pendant quatre semaines consécutives, même si l'enfant vient à mourir avant le terme de ce délai. En cas de décès de la mère, l'indemnité journalière doit être continuée pour l'enfant.

En dehors, mais à côté de la mutualité maternelle, on peut créer des groupements de Mutualité infantile ayant pour objet d'assurer aux enfants les soins du médecin et les médicaments pendant le premier âge, c'est-à-dire jusqu'à trois ans. Ces groupements peuvent être organisés sur les mêmes bases que les sociétés de secours mutuels ordinaires. Les cotisations sont variables, selon que le service médical et les secours pharmaceutiques sont assurés à l'abonnement ou à la visite. Généralement, la cotisation mensuelle est de 1 franc par famille, quel que soit le nombre des enfants de 1 jour à 3 ans.

Telle est, tracée dans ses grandes lignes, l'organisation des mutualités maternelles et infantiles.

Mutualité scolaire. — La première mutualité scolaire a été fondée en 1881, à Paris, par Monsieur J. C. Cavé, ancien Juge au Tribunal de Commerce de la Seine, qui, frappé de l'insuffisance de la pension allouée à leurs vieux sociétaires par la plupart des sociétés de secours mutuels, avait été amené à constater que l'on entre trop tard dans ces dernières sociétés.

La productivité des versements effectués en vue de la retraite décroît très rapidement quand se réduit la période de capitalisation. Très faible dans les années qui précèdent immédiatement l'entrée en jouissance de la pension, elle s'accroît dans l'âge mûr, devient plus élevée encore dans la jeunesse et dans l'adolescence et elle atteint son maximum pendant l'enfance.

La mutualité scolaire doit être à la fois l'école de la Mutualité et la pépinière des sociétés d'adultes. Elle doit prendre l'enfant dès son entrée à l'école et le quitter lorsqu'il échappe à l'action de l'instituteur, en favorisant son entrée dans une société d'adultes.

Elle doit faire tendre tous ses efforts vers le développement de l'esprit mutualiste chez les enfants.

Lentement au début, très lentement même, l'œuvre s'est établie. Mais depuis quelques années, les mutuelles scolaires se sont prodigieusement multipliées et développées, grâce aux efforts incessants de Monsieur Cavé, qui fut secondé brillamment par Monsieur Edouard Petit, Inspecteur général de l'Instruction publique, et par le personnel des instituteurs.

La mutualité scolaire demande à l'enfant une minime cotisation de 0 fr. 10 par semaine, qui est divisée en deux parts égales, l'une (0,05) affectée aux secours en cas de maladie; l'autre, à la constitution d'une retraite pour la vieillesse.

Dans la pratique, les secours en cas de maladie, n'absorbent pas, même en y ajoutant les frais de gestion, plus de la moitié de la demi-cotisation, soit 1 fr. 30 par an et par sociétaire. Cette somme se trouve doublée par les subventions de l'Etat, de sorte que, dans une société scolaire bien gérée, on peut affecter à la retraite la cotisation annuelle tout entière (5 fr. 20) augmentée de la part revenant à chaque sociétaire sur les bénéfices de l'association (cotisations des membres honoraires, dons, legs, etc...).

La perception des cotisations se fait, en général, par les soins du personnel enseignant, chaque lundi.

Pour les secours en cas de maladie, la mutualité scolaire a dû adopter en raison de ses faibles ressources, le système exclusif de l'indemnité journalière.

Après un stage de trois mois, pendant lequel aucune indemnité n'est due, le sociétaire reçoit, en cas de maladie, o fr. 50 par jour pendant le premier mois, et o fr. 25 pendant les deux mois suivants.

Quant à la pension de retraite, sa constitution repose sur deux systèmes principaux, le livret individuel et le fonds commun. Ces deux systèmes ont leurs chauds partisans et leurs adversaires irréductibles, mais comme chaque sociétaire de la mutualité scolaire se constitue, en somme, deux retraites, l'une par le livret individuel, l'autre par le fonds commun, partisans et adversaires de chaque système trouvent là, simultanément, matière à critiquer et à louer.

Nous avons consulté avec fruit les travaux des principaux défenseurs du livret individuel : MM. A. Gest, J. Cahen, F. Lépine, M. Bellom, etc..., mais nous ne prendrons pas parti, tout en reconnaissant que dans la Mutualité scolaire le livret individuel a son utilité, correspond même à une nécessité, en raison de ce qu'on appelle la question du « pont mutualiste » entre les sociétés mutuelles scolaires et les sociétés d'adultes.

Par contre, sur le terrain de la mutualité-retraites dans les sociétés d'adultes, si nous avions à choisir entre les deux systèmes, nous ne prendrions ni l'un ni l'autre et nous nous rallierions au système du « fonds libre de retraites » avec constitution des pensions à capital aliéné.

Quoiqu'il en soit, dès que le total des cotisations-retraite du petit mutualiste a atteint deux francs, la société fait établir en son nom un livret individuel de la Caisse Nationale des Retraites sur lequel seront versées, par la suite, toutes ses cotisations, soit à capital aliéné, (la pension comprendra alors le remboursement par tranches du capital versé), soit à capital réservé (la pension ne comprendra plus que le remboursement des intérêts capitalisés jusqu'au jour de l'entrée en jouissance, mais le capital lui-même sera remis aux ayants droit lors du décès du pensionnaire).

Le chiffre de la pension est naturellement beaucoup plus élevé dans le premier cas que dans le second.

Certaines sociétés veulent adopter un autre système qui consiste à réserver le capital à leur profit, et non au profit des ayants droit du pensionnaire. C'est un mélange de livret individuel et de fonds commun, qui, lui, est toujours réservé au profit de la société, et cette pratique soulève de grosses difficultés.

Sous le régime du livret individuel, les fonds déposés à la Caisse Nationale des Retraites ne se capitalisent qu'à 3,50 o/o (intérêts composés), alors que sous le régime du fonds commun, les fonds se capitalisent à 4,50 o/o. Quant aux combinaisons du capital réservé et du capital aliéné, qui plaident a priori en faveur du livret individuel, le fonds commun ne les permettant pas, il est bon de rappeler qu'elles peuvent être pratiquées également avec le système du fonds libre de retraites.

Le véritable avantage du livret individuel est donc de permettre d'augmenter, par un effort personnel, en dehors de la Mutualité, la pension de retraite, en y versant les économies dont le mutualiste peut disposer.

En même temps que le système qui vient d'être exposé, certaines mutuelles scolaires, qui tiennent à faire la distinction entre l'effort social et l'effort individuel, pratiquent le système du fonds commun inaliénable.

Elles versent au livret individuel la partie fixe de la cotisation retraite (0,05). L'effort accompli pour le versement de cette cotisation est bien personnel. Quant aux bénéfices provenant de l'association, (économies, subventions, cotisations des membres honoraires, dons, legs, fonds abandonnés, etc...), ils sont versés au fonds commun. Ces sociétés constituent donc, au profit de leurs adhérents, deux retraites parallèles et qui se complètent.

La liquidation de la retraite constituée à l'aide du livret individuel se fait directement par la Caisse Nationale des Retraites, suivant les règlements applicables aux simples particuliers. Celle de la retraite constituée sur le fonds commun s'effectue de deux façons différentes : 1° La société verse à la Caisse Nationale des Retraites au moment de l'entrée en jouissance, le capital nécessaire à la pension ; 2° La société paie elle-même la pension sur les arrérages du fonds commun, sans passer par l'intermédiaire de la Caisse des Retraites.

Indépendamment des deux buts principaux qui viennent d'être examinés (secours en cas de maladie, pensions de retraites), la mutualité scolaire a réalisé un certain nombre d'œuvres accessoires exigeant des cotisations particulières.

Nous citerons « La Dotation », (constitution pendant la période de scolarité, d'un capital qui est remis au mutualiste, soit à l'époque de son mariage, soit à sa sortie du régiment, soit à un âge déterminé); le « Trésor d'avenir » (fonds spécial pour l'organisation de cours professionnels ou complémentaires et la création d'offices gratuits de placement); l' « Œuvre du Trousseau », (pour permettre à la jeune fille pauvre de se confectionner, pendant les années d'école et avec le concours de ses camarades, un trousseau complet dont le prix de revient est très minime); les « Coopératives mutualistes scolaires », les « Mutualités forestières », les « Œuvres de plein air », etc., etc...

Les mutualités scolaires approuvées bénéficient de toutes les subventions, de tous les avantages et de toutes les exemptions conférées aux sociétés approuvées, par la loi du 1er Avril 1898. Elles obtiennent en outre, des allocations de la part des Conseils municipaux et généraux. Enfin, elles ont le droit, comme les autres sociétés, de constituer des unions et des fédérations.

A l'heure actuelle, les mutuelles scolaires apportent à la grande armée mutualiste le formidable contingent de 700.000 jeunes recrues et perçoivent plus de quatre millions de cotisations par an.

Mutualité d'Adultes. — Si la mutualité maternelle, infantile ou scolaire est de création relativement récente, nous avons montré en retraçant l'historique de la Mutualité, que les sociétés mutuelles d'adultes ont une très longue existence, puisqu'on les trouve aux diverses époques de notre histoire et même plusieurs siècles avant notre ère.

Nous avons vu, en reproduisant et en commentant le texte de l'article 1er de la loi du 1er Avril 1898, quels sont les buts qu'elles peuvent poursuivre; nous avons vu également, en rappelant les dispositions essentielles de cette loi quelle est leur organisation et quels sont leurs moyens d'action.

Il ne nous reste plus qu'à montrer les différentes applications auxquelles elles peuvent se prêter :

Secours de maladie. — L'assurance contre la maladie, qui a été, pendant très longtemps, l'objet unique de la mutualité d'adultes, est restée encore un des buts essentiels des sociétés mutuelles.

En matière d'assurance contre la maladie, les combinaisons les plus diverses ont été adoptées, bien que, dans notre pays, le goût de l'uniformité et de la centralisation soit particulièrement vif.

Il est des sociétés qui assurent les soins du médecin seuls ; il en est d'autres — et elles sont la majorité — qui y joignent les fournitures pharmaceutiques. D'autres, enfin, ajoutent une indemnité pécuniaire pendant la durée de la maladie ou, tout au moins pendant un laps de temps déterminé.

Dans l'organisation du secours de maladie, il est un point sur lequel il serait intéressant de voir les sociétés rompre avec les errements et les traditions. Les charges assumées statutairement ne sont généralement pas calculées à l'aide de données sérieuses, et les sociétés ne se rendent pas suffisamment compte de l'importance présumée des dépenses qu'elles s'engagent à couvrir ; les cotisations sont fixées à un taux qui, très souvent, ne permettrait pas, sans le concours des membres honoraires, de faire face aux obligations contractées.

Monsieur F. Lépine, Inspecteur de l'enseignement primaire, dans son livre sur « La Mutualité, — ses principes — ses bases véritables » (1), s'élève avec raison contre ces errements :

« Réduits à leurs seules ressources — dit-il —
« les membres participants des sociétés mutuelles
« eussent été soumis à la nécessité d'équilibrer leur
« budget avec leurs cotisations et « nécessité l'ingé-

(1) Librairie Armand Colin

« nieuse » leur aurait fait découvrir une organisa-
« tion plus rationnelle de leurs divers services. Non
« seulement, ils n'eussent pas songé à réaliser ce
« paradoxe de se constituer des retraites sans four-
« nir eux-mêmes les capitaux de formation des pen-
« sions, mais ils n'auraient pu davantage dépenser
« pour les seuls secours de maladie plus que le
« montant de leurs cotisations.

« Même à lui seul, ce dernier résultat n'est pas
« rationnel. Il décèle des abus, des vices d'organisa-
« tion dans l'assurance contre la maladie, telle que
« la pratiquent les sociétés. Une institution d'as-
« surance qui subordonne l'exécution de ses en-
« gagements au concours aléatoire de l'assistance
« privée ou publique n'offre qu'une sécurité incom-
« plète. »

C'est la logique même, mais il faut dire, à la décharge des sociétés de secours mutuels, qu'elles ont attendu pendant près de 60 ans les tables de morbidité qu'on avait promises à la Mutualité en 1852.

Néanmoins, il faut le dire, dans l'assurance contre la maladie, les membres participants comptent trop sur le concours financier des membres honoraires et l'existence de cette ressource contribue à affaiblir chez les sociétaires le sentiment de la dignité personnelle.

A notre avis, les sociétés ont l'obligation étroite d'établir dans leurs statuts un équitable rapport entre la cotisation imposée et la dépense probable que nécessitera la maladie présumée du sociétaire.

De même, elles doivent organiser leur service médical de façon à respecter, autant que possible, la liberté de leurs membres, tout en sauvegardant leurs intérêts financiers. Le sociétaire doit avoir le droit de choisir son médecin parmi ceux qui habitent la même localité et sous la seule réserve que ce médecin soit agréé par le Conseil d'Administration de la société. Lorsqu'une ville possède plusieurs sociétés, celles-ci agiraient sagement en se syndiquant pour mieux assurer leur service médical. Quant au mode de paiement des honoraires médicaux, le système de l'abonnement annuel, semestriel ou trimestriel, est celui qui nous paraît le mieux sauvegarder à la fois et les intérêts de la société, la liberté du sociétaire et la dignité du médecin, en même temps qu'il permet d'accorder les secours médicaux à tous les membres de la famille du sociétaire.

En tout état de cause, il est une branche de l'assurance contre la maladie qui doit reposer sur des bases exactes, c'est l'indemnité pécuniaire quotidienne. Le montant maximum de cette indemnité doit être déterminé par le rapport de la cotisation exigée, au nombre moyen annuel de journées de maladie par tête de membre participant.

Il ressort des statistiques officielles que la moyenne, par sociétaire participant, des journées de maladie payées en argent, dans l'ensemble des sociétés approuvées qui accordent à leurs malades l'indemnité pécuniaire, est voisine de 5 1/2.

Si nous prenons ce chiffre pour base et si nous supposons la cotisation annuelle fixée à 13 fr. 75, le quantum de l'indemnité journalière à allouer dans l'ensemble des sociétés approuvées serait de

$$\frac{13{,}75}{5{,}5} = 2 \text{ fr. } 50.$$

Cependant, il faut considérer que le risque de morbidité varie avec la profession et s'accroît avec l'âge. La cotisation doit donc croître avec l'âge, ou le taux de l'indemnité diminuer, si l'on veut assurer la véritable égalité de traitement, qui implique des avantages égaux correspondant non seulement à des charges égales mais aussi à des risques égaux.

Cours professionnels et offices gratuits de placement. — Ces deux objets de la Mutualité sont prévus par le second adragraphe de l'article 1er de la loi du 1er Avril 1898, sous la seule réserve qu'il sera pourvu à leurs dépenses par des cotisations spéciales.

A l'heure où les questions sociales revêtent un caractère particulier d'acuité, ces deux buts nouveaux confèrent à la Mutualité la faculté d'exercer une action très utile dans les milieux ouvriers.

Evidemment l'organisation de cours professionnels concerne surtout les sociétés composées de membres appartenant à un même métier ou à une même profession, mais on ne saurait trop encourager ce rouage dans toutes les sociétés où il peut être établi, car relever le niveau des connaissances techniques dans les professions est une chose excellente.

C'est par un amendement de MM. Brindeau et Siegfried, Députés de la Seine-Inférieure, déposé en deuxième délibération, que les cours professionnels ont été introduits dans le texte de la loi de 1898.

Quant aux offices gratuits de placement, ils sont en quelque sorte le corollaire des cours professionnels. Depuis longtemps déjà, des offices de ce genre fonctionnaient dans certaines sociétés de secours mutuels professionnelles, et les services qu'ils rendaient aux sociétaires leur avaient valu la tolérance administrative. En les inscrivant dans le texte de la loi de 1898, le législateur a consacré leur existence, et on ne peut que l'en féliciter.

A l'heure actuelle, un assez grand nombre de sociétés poursuivent le placement gratuit surtout à Paris, et il faut reconnaître que les résultats obtenus sont excellents.

Il faut désirer que la mutualité exerce davantage encore son action en faveur du placement des ouvriers et employés.

Chômage. — Le secours en cas de chômage est également une innovation introduite par le Parlement dans la législation mutualiste de 1898. Il faut dire que le législateur a hésité assez longtemps avant de l'introduire, puisque l'amendement de M. Jourde, tendant à assurer le chômage au même titre que l'accident ou la maladie, fut repoussé en première lecture, le rapporteur de la loi, M. Audiffred, l'ayant combattu. Mais, en deuxième délibération, M. Jourde fut plus heureux et son amendement accepté par la commission, fut voté par la Chambre.

La crainte du législateur était l'intervention possible des sociétés de secours mutuels dans les conflits professionnels, par des subventions aux chômeurs volontaires. Il craignait, en somme, que les caisses de chômage ne vinssent alimenter les grèves : l'expérience a démontré que ces craintes étaient chimériques.

Le chômage est un mal toujours présent et auquel, malheureusement, on n'a jamais tenté d'une façon sérieuse de porter remède, alors que d'autres problèmes plus complexes et d'une urgence moins grande ont retenu l'attention et ont été solutionnés.

Il est vrai de dire que le retard provient surtout de l'incertitude qui règne sur l'étendue du mal, sur ses causes véritables et sur l'efficacité des moyens employés pour le combattre.

On ne peut, en effet, préciser l'étendue du chômage d'une façon rigoureusement mathématique. Cependant, on peut obtenir une approximation à l'aide des renseignements fournis par les syndicats et des statistiques dressées à l'occasion des recensements; en tous cas, on peut se faire une opinion raisonnée.

Les trois recensements de 1896, 1901 et 1906, ont révélé une moyenne de 7 ou 8 chômeurs par mille habitants. Dans l'industrie, le nombre des chômeurs est en moyenne de 4, 48 o/o; dans le commerce, de 4, 36 o/o; mais les chiffres communiqués par les syndicats fournissent un avertissement utile sur la mobilité du nombre des chômeurs, relativement aux saisons et aux professions. En Janvier, les syndicats accusent une moyenne de 30.000 chômeurs; en Juin, ils n'en accusent plus que 6.000. Dans la métallurgie, le pourcentage ne varie d'un mois à l'autre, que de 1,2 à 4,8 o/o; dans la maçonnerie le pourcentage passe de 6,3 en Juin, à 55,2 en Décembre; chez les peintres, il tombe de 36,6 en Décembre à 1,3 en Juin.

Le chômage est donc un mal capricieux et essentiellement changeant. Il y a pléthore ou disette selon les saisons.

Quoi qu'il en soit, en envisageant le chômage dans son ensemble, on peut dire que la plupart des causes qui le déterminent sont d'ordre économique: inventions nouvelles, trusts, concurrence, crises de surproduction, etc...

D'une façon générale, en forçant un peu les chiffres, il est permis de croire que le nombre des chômeurs varie de 5 à 10 o/o du nombre des travailleurs.

Et depuis combien de siècles ce mal a-t-il creusé son lit, s'il est vrai comme le disait M. de Las Cases dans son rapport (1) sur le cas de « cette masse confuse des sans-travail, que le public appelle des

(1 Réforme Sociale du 15 Mai 1907

grévistes quand il en a peur, et des chômeurs quand il en a pitié », s'il est vrai « que nous devions le Parthénon, les Propylées et le temple d'Eleusis, moins peut-être au désir qu'éprouva Périclès de fixer dans le marbre le rêve de sa race, qu'à la nécessité où il se trouva de fournir une occupation aux prolétaires sans emploi du Péloponèse? »

Longtemps, pour lutter contre le mal du chômage, on s'est tenu à un remède, qui a provoqué de merveilleux dévouements, mais qui manque totalement d'esprit scientifique: la charité.

La solution n'est pas là, car secourir c'est réparer au hasard, et en partie, ce n'est ni prévoir, ni pourvoir.

La solution d'Etat n'est pas meilleure et il ne faut pas chercher une efficacité réelle dans les travaux de secours qu'organisent l'Etat ou les départements, lorsqu'on se trouve en présence d'un chômage endémique. Le mal est adouci pendant un certain temps, il n'est pas guéri.

L'initiative privée n'a pas donné non plus de bons résultats, car toutes les œuvres « d'assistance par le travail » viennent s'échouer sur l'écueil de la disproportion entre les frais et le résultat.

Il faut donc avoir recours à la Mutualité, mais à la mutualité professionnelle, car une caisse de chômage composée de mutualistes de professions diverses aboutirait à cette iniquité que ce seraient toujours les mêmes qui paieraient pour d'autres.

Nous ajouterons que pour donner à l'assurance contre le chômage des bases solides et scientifiques, il nous paraît indispensable que les sociétés — nous entendons celles groupant les mêmes professions — se forment en unions départementales ou régionales, de façon à établir, entre tous les adhérents, une véritable répartition des risques. Enfin, nous pensons qu'on obtiendrait des résultats remarquables en constituant, dans les principaux centres industriels ou commerciaux, des sociétés mutuelles spéciales d'assurance contre le chômage, auxquelles les patrons participeraient par des cotisations proportionnelles au nombre de leurs ouvriers adhérents.

Retraites.— En général les sociétés de secours mutuels ajoutent la retraite aux autres buts qu'elles poursuivent. Souvent même ce service est un service accessoire auquel aucune part fixe des cotisations n'est affectée. Cependant, il existe déjà un assez grand nombre de sociétés poursuivant le but presque exclusif de la retraite; ce sont, d'ailleurs, les plus importantes comme nombre d'adhérents.

Aux termes de la loi de 1898, les droits à une pension de retraite sont acquis, dans les sociétés approuvées, à 50 ans d'âge au minimum et après 15 années au moins de sociétariat. L'article 28 de la loi exige, en outre, que la pension servie ne dépasse pas 360 francs.

Nous avons déjà dit, en rappelant les dispositions essentielles de la loi précitée, ce que nous pensons de la double méthode des retraites non garanties et des retraites garanties, nous n'y reviendrons pas, mais nous répèterons, cependant, que le législateur a, selon nous, commis une erreur très préjudiciable aux intérêts de la Mutualité et à son bon renom, en permettant les retraites non garanties.

Quoi qu'il en soit, la loi de 1898 reconnaît, en matière d'assurance contre la vieillesse, trois formes distinctes d'allocations :

1° La *pension garantie.* — La garantie porte sur le droit à la pension (lorsque ce droit a été reconnu, il ne peut plus être discuté), et sur la quotité de la pension, laquelle ne peut descendre au-dessous du chiffre auquel elle a été liquidée;

2° La *pension non garantie.* — La garantie subsiste pour le droit à la pension, mais le montant de cette pension varie avec les disponibilités financières;

3° Les *allocations renouvelables* (article 25 de la loi), pour lesquelles aucune garantie n'existe.

Pour rester dans les limites que nous venons en quelque sorte de nous assigner, nous ne parlerons que des retraites garanties.

La garantie ne peut exister véritablement que si elle porte à la fois sur le droit à la pension et sur la quotité de cette pension. La garantie du droit à la pension résultant des dispositions statutaires, nous examinerons exclusivement la question de la garantie de la quotité de la pension.

Pour que la quotité d'une pension soit garantie, dit M. Bourgeois-Gavardin, membre de l'Institut des actuaires français, il faut que la société qui a promis de servir cette pension soit à même de tenir ses engagements pour chacun de ses pensionnés, c'est-à-dire que la mortalité des pensionnés et le taux de l'intérêt ne s'écartent pas sensiblement des prévisions d'après lesquelles le montant de la pension a été fixé.

En outre, lorsqu'il s'agit de constituer le capital représentatif de la pension au moyen de cotisations périodiques, c'est-à-dire lorsque la pension est différée, il faut, pour qu'elle soit garantie: 1° Que la cotisation payée par le membre participant soit suffisante pour lui constituer à l'âge d'entrée en jouissance, s'il est vivant, le capital nécessaire au service de la pension promise;

2° Que cette pension puisse être servie, sans subir de réduction, à tous les membres qui atteignent l'âge d'entrée en jouissance.

Il est indispensable de faire cette distinction entre la pension qui n'est garantie qu'au moment de l'entrée en jouissance et la pension qui est garantie au moment où le sociétaire verse sa première cotisation, parce que le premier système est celui du fonds commun inaliénable, auquel nous ne pouvons donner notre adhésion, et que le second est celui de toute organisation mutualiste véritablement soucieuse d'un fonctionnement basé sur une relation mathématique entre ses propres engagements et les cotisations périodiques du sociétaire.

La pension garantie dès le jour où le sociétaire verse sa première cotisation devrait être la véritable pension mutualiste et la seule dont les sociétés devraient poursuivre la réalisation.

Mais, pour entrer dans cette voie, il faudrait abandonner enfin la doctrine du fonds commun et celle du livret individuel à laquelle les sociétés se sont toujours ralliées jusqu'ici, pour la constitution de leurs pensions.

En l'abandonnant, les sociétés feraient, tout d'abord, tomber le fameux différend qui divise tant les mutualistes, celui du fonds commun et du livret individuel.

Le livret individuel, c'est-à-dire le livret de la « Caisse Nationale des Retraites pour la Vieillesse », il faut le rayer nettement du programme mutualiste pour les raisons suivantes :

1° Pour une raison économique au regard du sociétaire, parce que la pension de la Caisse Nationale des Retraites pour la Vieillesse est constituée au taux de 3 1/2 o/o, alors que les fonds de retraites mutualistes, qu'il s'agisse des fonds libres — que nous préconisons — ou du fonds commun, raportent 4 1/2 o/o, sans compter les subventions.

2° Pour une raison économique au regard de la société, parce que beaucoup de livrets se perdent (surtout dans les sociétés scolaires) ; si l'inscription a été prise à la Caisse Nationale des Retraites pour la Vieillesse, l'argent non réclamé devient la propriété de l'Etat, tandis qu'il rentre au fonds social si le livret a été pris à une société mutualiste.

3° Les bénéfices matériels seraient-ils les même de part et d'autre, que nous combattrions encore le livret individuel, car nous considérons que la pure doctrine mutualiste ne permet pas de consentir l'abandon de l'opération consistant à constituer des pensions de retraites à un organisme purement administratif, à la gestion duquel la Mutualité n'est en aucun cas associée.

Si l'on fait de la mutualité, si l'on donne son adhésion à une société, c'est pour participer à la gestion de ses propres affaires et non pour renoncer à toute initiative, à tout contrôle, à toute responsabilité.

La communauté de l'avoir produit par les épargnes individuelles, la responsabilité de la gestion de cet avoir social, la collectivité des intérêts son les meilleurs gages de la solidarité des associés dans l'effort commun contre les risques de la vie.

Quant au fonds commun inaliénable, créé pa le décret de 1852-1856 et confirmé par la loi de 1898, nous devons à la vérité de dire que les mutualistes ont cru longtemps qu'ils pouvaient, par lui organiser et constituer des retraites garanties. Un certain nombre sont déjà revenus de cette croyance et nous espérons, quant à nous, que le Parlemen ne tardera pas à dissiper les illusions qui resten encore dans l'esprit de la majorité des mutualistes en supprimant, par une modification à la loi de 1898, l'inaliénabilité du dit fonds.

Pour comprendre les raisons qui ont fait déclarer inaliénable le fonds commun mutualiste, il faut rappeler l'origine de ce fonds, qui s'est constitué par des économies de gestion et, surtout, pa l'appoint des ressources extraordinaires ayant à leur base la philanthropie et l'intérêt social (cotisations des membres honoraires, dons et legs, subventions, produit des fêtes, tombolas, etc...). Cet appoint s'ajoute chaque année aux cotisations des membres participants, à peine suffisantes — nous l'avons montré en parlant de l'assurance contre la maladie — pour entretenir le service essentiel, c'est-à-dire le secours de maladie.

Ce reliquat, accumulé d'année en année, n'appartient évidemment pas aux membres qui composent la société: il est la propriété, le patrimoine de l'association dont il assure la perpétuité. La loi l'a donc, en bonne justice, déclaré inaliénable, et les arrérages, qu'il produit doivent seuls être à la disposition des sociétaires, pour les dépenses à faire chaque jour.

Mais quel emploi peut-on faire de ces arrérages? Le législateur leur a assigné un objet exclusif: la création de pensions viagères de retraite.

Au début, cette forme du secours mutuel n'était point entrée dans les mœurs. On n'osait pas demander à la Mutualité de l'entreprendre directement par des sacrifices spéciaux calculés d'après les règles actuarielles. On obligeait donc les sociétés à y consacrer toutes leurs économies, tous les bonis imprévus, et le souci de réserver aux vieillards le profit des reliquats de gestion était tel que le législateur n'a pas voulu qu'un centime des arrérages annuels puisse être détourné des pensions en cours de jouissance.

Il a même ordonné la capitalisation immédiate, à la souche inaliénable, de toute portion d'intérêt, si minime soit-elle, non employée à une retraite acquise.

Tant qu'on a pu voir dans ce système l'unique expédient destiné à combler ou à atténuer une lacune de l'organisation sociale du pays, il a pu paraître légitime.

Mais, aujourd'hui, il n'en est plus ainsi, parce que — d'une part — la loi « d'assistance obligatoire aux vieillards » est intervenue dans les cas d'indigence et d'imprévoyance; parce que — d'autre part — les mutualistes ont appris à connaître les conditions d'organisation, par eux-mêmes, d'un service régulier de retraites garanties et qu'ils ont reconnu, en faisant cette étude, que le fonds commun inaliénable est tout à fait impropre à ce rôle.

Dans cet ordre d'idées, ce que nous pourrions dire ne vaudrait pas la critique qui a été faite du fonds commun par l'éminent Président de la Fédération Nationale de la Mutualité Française, M. Léopold Mabilleau. La voici :

« *a*) La nature même du Fonds commun qui le « rend à bon droit « inaliénable » répugne à la destination qu'on avait d'abord pensé à lui donner; « le produit d'un capital intangible est trop faible « pour un service de revenus immédiat et intensif « comme celui que réclame la retraite ouvrière, l'accumulation d'argent immobilisé qu'il entraîne est « trop lourde pour le régime normal d'une nation « moderne. L'accroissement indéfini de cette main « morte (qui, pour suffire aux exigences d'une retraite générale des travailleurs français devrait atteindre on ne sait combien de milliards) est contraire à la doctrine économique comme à l'intérêt des associés.

« Une « pension » est une combinaison individuelle limitée à un cas particulier et qui doit être « réalisée par la méthode du capital aliénable, où « chaque intéressé consomme l'intégralité de son « épargne personnelle laissant derrière lui son exemple, le cadre de l'œuvre où il a évolué et sa part

« de la réserve collective qui servira d'appui à ses « successeurs.

« *b*) L'absurde dispositon qui oblige les sociétés « à capitaliser immédiatement, dans le fonds intan« gible, les arrérages non employés dans les pen« sions en cours aggrave encore cette situation. On « en vient à faire la retraite avec les intérêts des « intérêts du capital économisé.

« *c*) L'existence du fonds commun, compris com« me il l'est aujourd'hui, est même un obstacle à « la création d'un système effectif de retraites ga« ranties.

« Les mutualistes qui voient certaines sociétés « riches de capital, et ne calculent pas l'insigni« fiance des revenus utilisables, eu égard au nom« bre des associés, ont l'illusion d'avoir pourvu à « leur retraite et ils repoussent les moyens directs « dont l'expérience a démontré la nécessité. »

La conclusion s'impose d'elle-même: le fonds commun inaliénable ne doit pas être employé au service de la retraite, et il est temps qu'une modification de la loi le libère de cette affectation obligatoire et exclusive.

Ce qu'il faut poursuivre, c'est la constitution systématique d'un régime de retraites garanties, par la création d'une caisse de retraites, ou, si l'on préfère, d'un fonds libre de retraites.

Cette caisse doit être alimentée par une cotisation spéciale de retraites, calculée conformément aux règles et aux procédés de la science actuarielle, en vue de la constitution, à l'âge déterminé par les statuts, de la pension à servir par la société et dont la quotité doit être fixée également par les statuts.

On pourra même joindre à cette caisse la part des ressources extraordinaires lui revenant logiquement en raison de son fonctionnement spécial, c'est-à-dire les subventions, majorations d'intérêts et autres avantages découlant du fait de la création d'un service de retraites.

Enfin, la caisse ou fonds libre de retraites doit fonctionner à capital aliénable, afin de donner à l'effort du mutualiste le plein effet qu'il est en droit d'attendre.

M. Bourgeois-Gavardin a, en effet, démontré dans un intéressant travail qu'une pension de 100 francs sur le fonds commun inaliénable, correspond, suivant l'âge d'entrée en jouissance, à une pension sur capital aliéné de 175 fr. à 50 ans, 195 fr. à 55 ans, 223 fr. à 60 ans et 265 fr. à 65 ans.

Tels sont les moyens dont dispose la Mutualité pour l'organisation de ses retraites garanties. Le seul procédé que nous trouvions acceptable est celui qu'on peut appeler le système du fonds libre aliénable. Ce fonds se développe comme le ferait un fonds commun devenu aliénable, puisque les fonds versés en compte-courant disponible à la Caisse des Dépôts et Consignations rapportent 4,50 o/o d'intérêts, comme le fonds commun.

Les sociétés peuvent, d'ailleurs, maintenir concurremment un fonds commun, pour bénéficier des subventions qui leur sont allouées et qui peuvent atteindre 10.000 fr. chaque année; mais, dans ce cas, il leur suffit de verser à ce fonds commun la somme strictement nécessaire à l'obtention du maximum de la subvention.

Elles agiront en outre sagement en divisant leurs pensions en deux parts: une part fixe dont le montant sera garanti et une part variable dont la quotité correspondra aux ressources disponibles.

La part fixe devra être calculée suivant les règles actuarielles et servie sur le fonds libre de retraites aliénable. La part variable sera prélevée sur les intérêts du fonds commun et les ressources que laisserait disponible le service des pensions fixes et garanties.

Plusieurs grandes sociétés de retraites approuvées ont déjà adopté cette méthode. Nous citerons notamment: la Prévoyance Commerciale, à Paris, dont les barêmes ont été établis par M. P. C. Ramé, Vice-Président honoraire, auteur des tables numériques adoptées par la Direction de la Mutualité; la France Prévoyante, dont les barêmes sont de M. Quiquet, actuaire; l'Union du Commerce, qui doit ses barêmes à M. Nicolas; la Répartition Mutuelle, dont l'organisation financière et le service des retraites reposent sur les barêmes et tableaux régulateurs établis par son actif Président-Général, M. F. Thommeret.

Pour ces sociétés, le fonds libre de retraites aliénable est devenu en quelque sorte l'instrument véritable de l'assurance contre la vieillesse, le fonds commun inaliénable n'étant plus qu'un instrument de bonification des pensions.

A titre documentaire, pour servir aux sociétés qui voudraient créer un service de pensions garanties, nous croyons devoir reproduire ci-après le barême de retraites de la Répartition Mutuelle:

BARÈME DE RETRAITE

Rentes viagères annuelles, payables par trimestres échus, sans reversibilité, produites par chaque Franc versé à capital aliéné, avec liquidation à chacun des âges compris entre 50 et 65 ans. Taux de l'intérêt : 4.50 pour 100. Table de mortalité C. R.

AGE au Versement	Jouissance de la							Pension à l'âge de :								
	50 ans	51 ans	52 ans	53 ans	54 ans	55 ans	56 ans	57 ans	58 ans	59 ans	60 ans	61 ans	62 ans	63 ans	64 ans	65 ans
5 ans.....	0.7868	0,8541	0,9435	1,0025	1,0897	1.1888	1,2989	1 4220	1,5602	1,7160	1,8954	2,0981	2,3296	2,5947	2,9022	3,2606
6	0,7493	0.8105	0,8796	0,9547	1,0378	1,1322	1,2370	1,3543	1,4858	1,6342	1,8048	1,9982	2 2187	2,4714	2,7640	3,1033
7	0,7143	0.7726	0,8383	0,9102	0 9895	1,0795	1.1792	1,2911	1,4165	1,5580	1,7206	1,9050	2,1152	2,3558	2,6350	2,9605
8	0,6814	0.7369	0.7998	0,8682	0,9338	1,0296	1,1249	1,2316	1,3512	1,4861	1,6413	1,8172	2,0177	2,2473	2 5136	2,8240
9	0 6502	0,7033	0.7633	0,8288	0,9007	0,9826	1,0735	1,1753	1,2893	1,4182	1,5663	1,7341	1,9255	2,1446	2,3987	2,6949
10	0.6207	0.6713	0,7286	0,7909	0.8507	0,9379	1,0247	1,1219	1,2309	1,3538	1,4951	1,6554	1,8380	2,0471	2,2897	2 5723
11	0,5924	0,6407	0,6954	0,7548	0,8205	0,8951	0,9779	1,0707	1,1747	1,2920	1,4269	1,5798	1 7541	1 9537	2,1852	2,4551
12	0.5652	0,6113	0.6633	0,7202	0 7829	0,8541	0 9331	1,0216	1,1209	1,2328	1,3615	1,5074	1,6737	1,8642	2,0851	2 3426
13	0,5391	0 5831	0,6328	0,6869	0,7467	0,8145	0,8899	0,9743	1.0690	1,1758	1,2984	1,4378	1,5964	1,7779	1,9887	2,2340
14	0,5138	0 5558	0.6032	0,6547	0,7117	0.7763	0,8483	0,9287	1,0190	1,1206	1,2376	1,3704	1,5216	1,6947	1,8955	2,1294
15	0,4895	0,5295	0,5745	0 6237	0,6779	0,7395	0,8080	0,8844	0,9707	1,0676	1,1789	1,3053	1,4494	1,6142	1 8056	2,0283
16	0.4659	0.5041	0 5471	0 5938	0,6435	0.7041	0,7693	0,8422	0 9241	1,0163	1,1223	1,2427	1,3798	1,5368	1.7189	1,9310
17	0.4433	0.4796	0.5204	0,5650	0,6141	0,6699	0,7319	0 8013	0,8793	0,9670	1,0679	1,1824	1,3109	1,4622	1.6355	1 8373
18	0.4215	0,4560	0,4949	0,5372	0,5840	0 6370	0,6960	0,7620	0 8360	0,9193	1.0154	1,1244	1,2483	1,3903	1,5552	1,7470
19	0.4007	0,4334	0,4704	0.5106	0,5550	0,6054	0.6615	0,7242	0,7947	0.8740	0,9651	1,0687	1,1806	1,3216	1,4782	1,6606
20	0,3806	0,4118	0,4468	0,4901	0,5272	0,5751	0 6283	0 6880	0,7549	0,8302	0,9168	1,0151	1 1272	1,2554	1,4052	1,5774
21	0,3615	0.3910	0.4244	0,4556	0 5008	0,5402	0.5968	0.6533	0,7169	0,7885	0,8707	0,9641	1.0705	1,1922	1.3336	1,4981
22	0 3432	0,3713	0,4029	0,4374	0 4754	0,5186	0.5667	0,6203	0 6807	0,7487	0 8268	0,9154	1.0164	1.1320	1.2661	1,4224
23	0,3259	0.3525	0,3826	0.4203	0,4514	0,4924	0.5381	0,5890	0,6464	0.7109	0,7850	0,8692	0,9651	1,0749	1.2023	1 3506
24	0,3094	0,3348	0,3633	0.3893	0,4287	0.4676	0.5109	0,5594	0,6137	0,6750	0,7454	0.8253	0,9165	1.0206	1,1416	1,2824
25	0,2939	0 3179	0 3449	0.3745	0.4070	0,4440	0,4851	0,5311	0.5828	0,6409	0,7078	0.7838	0 8703	0.9693	1.0814	1,2179
26	0,2791	0.3020	0,3277	0,3557	0,3867	0,4218	0.4608	0,5045	0,5536	0,6088	0.6723	0,7445	0 8266	0.9206	1.0298	1,1568
27	0.2652	0.2869	0,3113	0,3379	0,3674	0,4007	0,4373	0,4793	0,5259	0.5784	0,6387	0,7073	0,7853	0,8746	0.9783	1,0990
28	0.2520	0,2725	0,2958	0 3211	0 3490	0,3807	0,4160	0,4554	0,4997	0.5496	0,6069	0.6720	0,7461	0.8310	0.9295	1.0442
29	0,2394	0,2590	0.2811	0,3052	0 3316	0.3618	0,3932	0,4328	0,4748	0,5222	0,5767	0.6386	0.7090	0,7897	0.8832	0,9922
30	0.2277	0 2461	0,2671	0.2898	0,3151	0.3437	0.3756	0,4112	0,4512	0.4963	0,5480	0,6067	0 6737	0.7503	0 8393	0 9428
31	0 2161	0.2338	0.2537	0.2755	0,2994	0,3266	0.3569	0,3907	0.4287	0.4714	0.5206	0.5765	0.6401	0.7129	0,7974	0 8958
32	0,2053	0,2222	0,2411	0.2617	0,2845	0,3103	0.3390	0,3711	0,4072	0.4479	0,4946	0,5477	0,6084	0,6773	0,7576	0,8510
33	0,1951	0,2110	0,2290	0,2486	0.2703	0,2948	0,3220	0,3526	0,3869	0,4255	0 4699	0.5202	0.5777	0.6434	0,7196	0,8084
34	0.1853	0,2005	0 2176	0,2363	0,2567	0.2800	0,3059	0,3349	0,3675	0,4044	0.4463	0,4942	0.5487	0,6114	0.6836	0 7679
35	0.1760	0.1904	0.2066	0.2244	0,2437	0,2659	0,2906	0,3181	0.3490	0,3839	0,4239	0,4695	0,5212	0.5803	0,6493	0,7294
36	0.1671	0.1818	0,1962	0,2130	0,2316	0,2526	0,2759	0,3022	0.3315	0.3646	0,4026	0,4457	0,4930	0.5313	0.6166	0.6927
37	0.1587	0,1716	0.1863	0,2023	0,2198	0,2398	0,2621	0,2868	0,3148	0,3462	0,3823	0,4234	0,4701	0,5233	0.5835	0,6578
38	0,1507	0,1630	0.1769	0,1920	0,2088	0.2277	0,2488	0,2724	0,2989	0,3287	0,3630	0.4020	0.4463	0,4970	0,5560	0,6246
39	0,1431	0,1547	0,1679	0,1823	0,1982	0,2162	0,2362	0,2586	0.2837	0,3120	0.3446	0,3815	0 4236	0,4719	0,5278	0 5929
40	0,1358	0,1468	0,1593	0.1729	0.1880	0,2051	0,2241	0,2454	0.2693	0,2962	0.3270	0.3621	0,4021	0.4477	0.5008	0.5626
41	0.1288	0.1393	0.1511	0,1641	0 1784	0.1946	0,2126	0,2328	0,2554	0,2809	0.3102	0 3435	0,3813	0,4248	0.4751	0,5337
42	0,1221	0.1320	0,1433	0.1556	0.1691	0.1845	0,2016	0,2207	0,2422	0,2664	0,2912	0,3237	0,3617	0.4028	0.4506	0,5062
43	0,1158	0.1232	0.1359	0,1475	0.1604	0,1750	0,1911	0,2092	0.2296	0,2525	0,2789	0,3089	0,3430	0,3820	0,4272	0,4799
44	0.1098	0.1187	0,1288	0,1399	0.1520	0.1659	0.1812	0,1984	0.2177	0,2394	0,2644	0.2927	0.3230	0,3620	0.4050	0,4549
45	0.1050	0.1124	0.1220	0,1324	0.1440	0.1571	0,1716	0,1879	0.2062	0,2268	0,2505	0.2774	0.3080	0.3430	0,3836	0.4310
46	0 0985	0 1065	0.1136	0,1234	0.1364	0.1488	0,1626	0 1780	0,1953	0,2148	0,2373	0,2627	0 2917	0.3249	0.3634	0 4082
47	0 0933	0,1008	0,1094	0.1188	0,1291	0.1409	0,1539	0,1685	0,1849	0,2033	0,2246	0,2487	0,2761	0.3076	0.3441	0,3865
48	0,0882	0.0954	0,1033	0,1124	0,1222	0.1333	0,1456	0,1594	0,1749	0,1924	0.2125	0,2352	0.2612	0,2909	0.3254	0,3656
49	0,0834	0 0902	0,0978	0.1062	0,1155	0 1260	0,1376	0,1507	0,1654	0.1819	0,2009	0,2224	0.2469	0,2750	0.3076	0,3456
50	»	0,0850	0 0924	0.1003	0.1090	0,1190	0,1300	0,1423	0.1561	0,1717	0,1897	0,2100	0.2332	0 2597	0 2905	0.3264
51	»	»	0,0872	0,0947	0,1029	0,1123	0.1226	0,1343	0 1473	0,1620	0.1790	0,1982	0.2200	0,2451	0 2741	0,3080
52	»	»	»	0,0892	0,0969	0.1058	0,1156	0,1263	0,1389	0,1527	0,1687	0.1867	0,2073	0.2300	0,2583	0 2902
53	»	»	»	»	0,0913	0.0996	0,1088	0,1191	0,1307	0.1438	0,1588	0,1758	0 1952	0,2174	0 2431	0.2732
54	»	»	»	»	»	0,0937	0.1043	0,1120	0.1229	0,1351	0.1493	0.1653	0.1833	0 2044	0 2286	0,2569
55	»	»	»	»	»	»	0,0961	0.1052	0,1155	0 1270	0,1403	0.1553	0.1724	0.1921	0 2148	0,2414
56	»	»	»	»	»	»	»	0,0987	0.1083	0.1191	0.1316	0,1457	0,1618	0.1802	0.2016	0.2265
57	»	»	»	»	»	»	»	»	0,1016	0,1147	0,1234	0,1366	0,1517	0 1689	0 1889	0.2123
58	»	»	»	»	»	»	»	»	»	0,1045	0,1155	0,1278	0.1419	0.1581	0 1768	0.1987
59	»	»	»	»	»	»	»	»	»	»	0,1080	0,1195	0.1327	0 1478	0,1653	0 1838
60	»	»	»	»	»	»	»	»	»	»	»	0,1115	0.1239	0,1379	0 1553	0.1734
61	»	»	»	»	»	»	»	»	»	»	»	»	0.1154	0.1266	0,1438	0.1616
62	»	»	»	»	»	»	»	»	»	»	»	»	»	0,1196	0 1337	0 1503
63	»	»	»	»	»	»	»	»	»	»	»	»	»	»	0,1242	0,1390
64	»	»	»	»	»	»	»	»	»	»	»	»	»	»	»	0,1293
65	»	»	»	»	»	»	»	»	»	»	»	»	»	»	»	»

Ce barême est un barême base; il permet de résoudre rapidement toutes les questions d'ordre technique relatives à l'assurance en cas de vie, lorsqu'il s'agit de la constitution d'une rente.

Les adhérents d'une société peuvent, au moyen de ce barême, vérifier eux-mêmes les taux de pensions fixes et garanties prévus aux statuts, et calculer les taux de pensions résultant de versements irréguliers.

EXEMPLES:

Exemple I. — *Quelle est la rente viagère fixe produite à 50 ans, par un versement annuel de 24 fr. commencé à l'âge de 12 ans?*

Prendre dans la colonne 50 ans, les nombres qui y sont inscrits depuis la ligne 12 ans, jusqu'à la ligne 49 ans, les additionner et multiplier le total par 24:

0,5652 + 0,5391 + ... + 0,0834 = 9,7937.
9,7937 × 24 = 235 fr. 0488.

Exemple II. — *Quelle est la rente viagère fixe produite par un versement annuel de 24 fr. commencé à l'âge de 12 ans si le sociétaire désire en reporter la liquidation à 53 ans et continuer ses versements jusqu'à l'âge de 52 ans inclus?*

Prendre dans la colonne 53 ans les nombres qui y sont consignés depuis la ligne 12 ans, jusqu'à la ligne 52 ans, les additionner et multiplier le total par 24:

0,7202 + 0,6869 + 0,6547 +...+ 0,0892 = 12,7648
12,7648 × 24 = 306 fr. 3552.

Exemple III. — *Quelle est la rente viagère fixe produite à 50 ans par un versement annuel de 24 fr. commencé à l'âge de 12 ans, si le sociétaire a effectué ses versements annuels pendant 15 années consécutives seulement?*

Prendre dans la colonne 50 ans les nombres qui y sont inscrits depuis la ligne 12 ans, jusqu'à la ligne 26 ans, les additionner et multiplier le total par 24:

0,5652+0,5391+0,5138+......+0,2791 = 6,1325.
6,1325 × 24 = 147 fr. 18.

Assurance au décès. — Le mutualiste qui est assuré contre la maladie et la vieillesse, n'a plus à craindre, s'il est chef de famille, qu'un troisième risque, qui est celui d'une mort prématurée. S'il ne veut pas laisser sa femme et ses enfants, ou ses ascendants, dans l'embarras ou la misère, par suite de la mort qui peut l'atteindre, il doit leur assurer un capital qu'ils toucheraient au lendemain de son décès.

Dans cet ordre d'idées, M. Cheysson, membre de l'Institut, s'exprimait ainsi dans un remarquable rapport sur l'assurance au décès, présenté à un récent Congrès National de la Mutualité Française:

« Trop longtemps la Mutualité n'a voulu voir « que l'individu, le membre participant, et a concen« tré sur lui son action. De la famille, sauf de rares « exceptions, il n'était pas question dans les statuts « des premières sociétés de secours mutuels.

« Or, c'est chose grave, pour une institution, que « d'ignorer la famille. L'individu évolue sans cesse: « hier enfant, aujourd'hui, adulte, demain vieillard. « Une institution qui repose sur l'individu est en « équilibre instable. Au contraire, la famille, — la « plus belle des associations, parce qu'elle est de « toutes la plus naturelle — la famille conserve à « travers les âges son unité intacte. Pendant que « tout passe, elle demeure; elle répare ses pertes et, « avec de courts chaînons soudés bout à bout, elle « fait une chaîne indéfinie qui relie les générations

« successives et rattache le présent au passé com-
« me à l'avenir. La molécule sociale, ce n'est pas
« l'individu, c'est la famille; c'est elle qui est le vé-
« ritable fondement des nations; c'est d'elle que dé-
« pendent leur décadence et leur prospérité. »

Il est certain qu'on ne peut enfermer la prévoyance dans le problème exclusif de la maladie et de la vieillesse. Nous ne sommes que des passants traversant la scène du monde par étapes qui nous mènent de la naissance à la mort, et les crises les plus douloureuses pour ceux qui les subissent sont évidemment les plus imprévues. On peut se préparer longtemps à l'avance et s'armer contre la vieillesse, mais la mort est plus brutale.

Il n'est donc pas possible d'admettre que la clientèle, malheureusement si nombreuse, des veuves et des orphelins soit considérée comme inexistante au regard d'une organisation de retraite.

L'assurance en cas de décès est la forme favorite de la prévoyance chez les Anglo-Saxons qui lui ont donné d'admirables développements. En France, au contraire, elle est généralement ignorée des masses. Seules les classes riches recourent volontiers à ses combinaisons et l'on peut dire que les quatre milliards de capitaux assurés appartiennent à la richesse et à l'aisance.

Les Compagnies d'assurance dédaignent les paysans, les artisans, les ouvriers, à cause des frais excessifs qu'entraîne la perception de cotisations trop modiques.

Pour combler cette lacune, le second Empire avait eu l'idée de mettre à la disposition de cette clientèle populaire une caisse publique, la Caisse Nationale d'Assurances en cas de Décès, instituée par la loi du 11 juillet 1868.

L'article 7 de cette loi autorisait les sociétés de secours mutuels approuvées à contracter des assurances collectives sur une liste indiquant les noms et l'âge de tous les membres qui les composent pour assurer au décès de chacun d'eux une somme fixe qui, dans aucun cas ne pouvait excéder 1.000 fr.

Les avantages offerts par la Caisse étaient minimes et la nouvelle institution n'attira pas les mutualistes, puisque de 1868 à 1885, 827 sociétés seulement usèrent de la faculté concédée par la loi de 1868 et que le nombre des assurés correspondant à ces 827 assurances collectives n'était que de 201.942.

A partir de 1885, il est plus facile de suivre le développement, très lent d'ailleurs, de l'institution, grâce aux comptes rendus publiés annuellement. On constate alors que la situation ne s'est véritablement relevée qu'après la promulgation de la loi du 1er Avril 1898.

L'article 9 de cette loi confère aux sociétés de secours mutuels le droit de contracter des assurances en cas de décès, instituées par la loi du 2 Juillet 1868; pour faire ces opérations, elles ont à remplir les formalités prescrites par les articles 7 et 15 de la dite loi, par l'article 17 du décret du 13 Août 1877 et par le décret du 29 Novembre 1890.

Il existe trois types d'assurances: 1° L'assurance en cas de décès, qui permet à l'assuré de constituer à sa mort une somme déterminée au profit de ses héritiers; 2° L'assurance en cas de vie, par laquelle on peut s'assurer à un certain âge, en cas de survie, un capital déterminé; 3° L'assurance mixte, garantissant contre la mort jusqu'à un âge déterminé et réalisable en cas de vie à partir de cet âge.

Ces assurances peuvent être établies à des tarifs très avantageux pour les membres participants des sociétés de secours mutuels. Les sociétés n'ont pas, en effet, de dividendes à distribuer, elles ne paient pas leurs administrateurs et elles n'ont pas de remises à faire à des courtiers sur les primes des membres qu'ils amènent.

D'autre part, comme sociétés approuvées, elles bénéficient de tous les avantages que la loi leur accorde : exonération des droits de timbre et d'enregistrement pour les actes d'état-civil à fournir par les participants et pour les contrats qui leur sont remis ; exemption des droits de timbre-quittance. Enfin, elles participent aux subventions de l'Etat : 50 centimes par membre participant (maximum 500 francs), et taux de 4,50 o/o pour les capitaux placés à la Caisse des Dépôts et Consignations.

L'assurance sur la vie et au décès peut être légalement faite par les sociétés de secours mutuels aux deux conditions suivantes : 1° si les assurés sont groupés en une caisse autonome au nombre de deux mille au moins (article 2 du Décret du 25 Mars 1901) ; 2° si cette caisse est gérée par une société ou une union et a obtenu l'autorisation du Conseil d'Etat (art. 5 du même Décret).

Enfin l'article 28 de la loi du 1er Avril 1898 a fixé à 3.000 fr. le maximum des capitaux que les sociétés sont autorisées à assurer en cas de vie ou de décès.

Nous croyons utile d'insérer ci-dessous des tarifs d'assurance simple et d'assurance mixte, établis par un actuaire agrégé de l'Institut des actuaires français, et qui ont été jugés suffisants pour assurer les risques qu'ils doivent couvrir :

ASSURANCE SIMPLE

(annuellle et renouvelable par tacite reconduction)

AGE	Prime mensuelle pour assurer 500 fr.
De 15 à 40 ans révolus.	0.50
De 41 à 50 ans »	0.60
De 51 à 55 ans »	0.85
De 56 à 60 ans »	1.10
De 61 à 65 ans »	1.60

Au-dessus de 65 ans, les cotisations sont celles fixées par la Caisse des Dépôts et Consignations.

ASSURANCE SIMPLE

(Tarif à prime fixe vie entière)

AGE AU PREMIER VERSEMENT	Prime mensuelle pour assurer 500 fr.
De 15 à 25 ans	0.65
De 25 à 35 ans	0.80
De 35 à 40 ans	1.00
De 40 à 45 ans	1.15
De 45 à 50 ans	1.40
De 50 à 55 ans	1.70
De 55 à 60 ans	2.10
De 60 à 65 ans	2.70

ASSURANCE MIXTE

Tarif à prime fixe donnant la prime mensuelle à verser pour assurer le paiement d'une somme de 500 francs à l'assuré lui-même, s'il est vivant à l'âge fixé par le contrat. S'il vient à mourir avant l'âge fixé par son contrat, le paiement sera fait aux ayants droit.

AGE AU PREMIER VERSEMENT	DURÉE DE L'ASSURANCE			
	10 ans	15 ans	20 ans	25 ans
De 16 à 31 ans . . .	3.70	2.35	1.70	1.30
De 31 à 41 ans . . .	3.70	2.40	1.75	1.40
De 41 à 46 ans . . .	3.80	2.45	1.85	»
De 46 à 51 ans . . .	3.95	2.55	»	»
De 51 à 56 ans . . .	4 10	»	»	»

Conclusion

Les Problèmes Sociaux et la Mutualité

Sous l'action de la politique, l'ensemble des problèmes sociaux qui se présentent à nous est devenu la question sociale. Il y a donc une question sociale qui préoccupe tous les esprits et dont la masse des travailleurs attend, avec une impatience qui pourrait devenir dangereuse, la solution sans cesse retardée.

Certes, depuis longtemps déjà, on a abordé cette troublante question et tenté de la résoudre dans un large esprit de justice sociale.

Tout en appréciant les efforts généreux qui ont été faits, les initiatives heureuses et hardies qui se sont successivement révélées, il faut avouer, toutefois, que la dernière équation nous paraît loin d'être posée dans la solution de la question sociale.

Bien trop souvent, à notre gré, on l'écarte de son véritable terrain qui n'est pas, quoi qu'on en puisse dire, la politique — et surtout la politique de partis.

Ensemble des préoccupations économiques de la Nation, la question sociale ne saurait être résolue, nous semble-t-il, que par l'ensemble de la Nation, placé sur le seul terrain économique.

En amenant les problèmes économiques sur le théâtre politique, on les élude quelquefois, on les résout rarement — et mal.

Tous les hommes cherchent, à juste titre, le bonheur, mais beaucoup s'égarent dans le choix des moyens qui doivent permettre de le conquérir.

Trop souvent ils se laissent fasciner par des mirages qui, de degré en degré, reculent d'abord, s'estompent ensuite dans un lointain brumeux et enfin disparaissent complètement, en laissant dans l'esprit une empreinte décevante, le souvenir d'espoirs vains et d'efforts stériles.

D'aucuns — ce sont les rêveurs — bâtissent, sur le sable, un édifice social nouveau, une cité idéale où, sous le règne de la pure justice, tous les hommes seront également heureux, parce que débarrassés des vieux préjugés de la famille et de la propriété individuelle. Ce serait le régime de la félicité universelle.

D'autres, qui se croient plus pratiques, prétendent résoudre le problème par la création d'une sorte d'Etat-Providence qui conjurera tous les maux et égalisera tous les risques. Ce serait le régime du nivellement social et l'Etat, seul maître de la production et de la consommation, dispensateur de tous les biens, utiliserait, en se substituant aux initiatives privées, toutes les forces individuelles rigoureusement comptées et disciplinées. Les enfants, les malades, les vieillards, les invalides deviendraient en quelque sorte propriété nationale. L'Etat se chargerait de tous et de tout, élèverait les enfants, soignerait les malades, nourrirait les vieillards et les infirmes, soulagerait toutes les misères...

Laissons les uns et les autres à leur chimère, en leur rappelant toutefois que les civilisations antiques ont conçu des rêves non moins enchanteurs et qu'elles ont disparu au moment même où elles tentaient d'en faire des réalités.

Certes nous ne devons pas nous désintéresser du sort des générations qui nous suivront sur la scène du monde; ce serait une détestable ingratitude à l'égard de ceux qui nous ont précédé, préparant l'évolution émancipatrice de l'esprit humain. Mais le bonheur que les générations actuelles pourraient se procurer nous intéresse cependant davantage.

Que les théoriciens et les fanatiques de l'étatisme sachent donc voir que l'Etat n'est riche que de la richesse de ses citoyens et que la cause première de toute richesse sociale réside uniquement dans l'effort individuel.

Toute doctrine qui tend à décourager l'amour du travail et de l'épargne est par conséquent une doctrine dissolvante, et l'Etat-Providence, l'Etat omnipotent, ruinant toutes les libertés, tarissant toutes les sources principales de richesse nationale, ne réaliserait, si l'on y réfléchit bien, qu'une seule égalité: celle de la médiocrité dans la servitude.

Pour nous, l'Etat ne doit être autre chose qu'un organe social créé par les citoyens et restant sous leur dépendance. Si nous lui reconnaissons le droit d'intervenir pour corriger, dans ses excès, l'inégalité sociale, c'est sous la réserve expresse que nous conserverons la faculté de définir, de contrôler, voire même de restreindre son rôle.

Lorsque l'Etat intervient et étend son action, c'est presque toujours au détriment de notre liberté. Nous considérons donc comme un axiome que l'intervention de l'Etat n'est légitime que dans les cas où l'initiative privée est manifestement insuffisante.

Nous admettons que la Mutualité accepte et sollicite ses encouragements, mais il convient de dire que nous attendons plus et mieux de l'effort individuel s'exerçant librement dans un esprit de prévoyance.

Sans doute, la tâche est rude, au milieu des difficultés de la vie moderne, de s'assurer, par un effort personnel, contre les différents risques de l'existence ou contre les inégalités sociales. Seul, isolé, le travailleur ne parviendrait pas,quel que soit son courage à se défendre contre le chômage, la maladie, les infirmités, ni à suffire aux besoins de sa vieilllesse. Mais l'efficacité de son effort apparaît immédiatement si, sortant de son isolement, il fait acte de mutualité.

L'expérience n'est plus à faire et nous venons de montrer que les divers risques de la vie sont singulièrement atténués par les bienfaits de l'association qui, nous l'avons dit déjà, additionne et multiplie les efforts individuels d'épargne et de prévoyance.

C'est ce que, pour notre part, nous voudrions faire comprendre à tous les travailleurs, la question sociale étant aussi une question d'éducation.

Si l'on prend un travailleur au moment où il doit engager la lutte pour la vie, et qu'on le suive au cours de toute son existence, on constate que les différents problèmes à résoudre, ou autrement dit, les différents risques à assurer sont les suivants: le placement, le chômage, l'accident ou la maladie, la vieillesse et enfin la mort.

Tels sont les principaux problèmes de la vie matérielle qui constituent la question sociale, les seuls dont nous ayons à traiter dans cet ouvrage où nous nous sommes interdit d'aborder des questions plus abstraites qui relèvent de la philosophie et de la métaphysique et dont le concours, cependant, serait des plus précieux pour atteindre le but que nous poursuivons.

Or, nous avons vu dans les chapitres précédents que tous ces problèmes de la vie matérielle peuvent être résolus par la Mutualité, l'article 1er de la loi du 1er Avril 1898 permettant aux sociétés d'organiser des offices de placement gratuit et d'assurer les risques du chômage, de la maladie, de la vieillesse et de la mort.

Quant à l'assurance contre les accidents, elle a fait l'objet d'une loi spéciale en date du 5 Avril 1898.

Mais, chose curieuse, les organisations qui, les premières, auraient dû entrer dans le sein de l'organisation mutualiste, les syndicats professionnels, sont précisément celles qui, jusqu'ici, par une compréhension erronée des lois économiques, s'en sont tenues, presque systématiquement, à l'écart.

Il est nécessaire de rappeler que le législateur avait fait, cependant, par la loi du 21 Mars 1884, des syndicats professionnels d'ouvriers de l'industrie et de l'agriculture, des groupements préliminaires prêts à entrer de plain-pied dans la Mutualité.

Dédaignant cette voie qui les aurait conduits, par le seul jeu des efforts individuels à la solution, sur le terrain économique, de la plupart des problèmes sociaux, les syndicats professionnels ont cru mieux faire en employant leurs ressources à subventionner des grèves plus ou moins légitimes.

Les résultats obtenus ne paraissent pas de nature à les faire persévérer dans cette méthode qui lance les intéressés dans une lutte sans issue où ils émoussent leur énergie et leur vitalité. C'est la misère qui les attend dans leur vieillesse, outre que les déconvenues qu'ils éprouvent aigrissent leur esprit et les portent vers des idées chimériques qui ne leur procurent que des déceptions nouvelles.

Au contraire, si les travailleurs se tenaient dans la défense bien comprise de leurs intérêts professionnels, dans l'esprit de la loi de 1884, et s'ils imitaient ceux qui, mieux inspirés, sont devenus mutualistes, ils substitueraient immédiatement les calculs positifs, les résultats tangibles, aux données empiriques dans lesquelles ils évoluent actuellement; tout le monde y gagnerait : eux d'abord, la société ensuite.

C'est l'action mal comprise des syndicats professionnels qui a porté la question sociale sur le terrain politique et en a retardé la solution.

Nous voulons croire que le rôle d'aveugles volontaires fatiguera ceux qui s'y obstinent.

En résumé, si l'on excepte la question des rapports entre le capital et le travail, c'est-à-dire entre l'employeur et l'employé, qui ne saurait être de son domaine, tous les autres problèmes trouvent leur solution dans la Mutualité.

Pour atteindre le but par ce moyen, nous avons foi dans le bon sens inépuisable de la démocratie française.

FIN

IMPRIMERIE BOUCHY ET Cie
PARIS

www.ingramcontent.com/pod-product-compliance
Ingram Content Group UK Ltd.
Pitfield, Milton Keynes, MK11 3LW, UK
UKHW021615260726
13994UKWH00003B/1013